ASTROLOGIE
DIE MAGIE DEINER KOSMISCHEN SEELE

Verstehe dein Geburtshoroskop

THE PULP GIRLS

KÖNIGSFURT URANIA

Die in diesem Buch enthaltenen Informationen und Ratschläge wurden von den Autorinnen sorgfältig recherchiert und geprüft. Eine Garantie kann dennoch nicht übernommen werden. Die Informationen und Ratschläge sind außerdem nicht dazu gedacht, die Beratung durch einen Arzt oder Therapeuten zu ersetzen, sofern eine solche angezeigt ist. Eine Haftung der Autorinnen oder des Verlags ist ausgeschlossen.

Bibliographische Information der Deutschen Nationalbibliothek
Die Deutsche Nationalbibliothek verzeichnet diese Publikation in der Deutschen Nationalbibliographie; detaillierte bibliographische Daten sind im Internet über http://dnb.d-nb.de abrufbar.

Titel der Originalausgabe: *Astrology for the Cosmic Soul*

Originally published in 2022 by Rock Point, an imprint of The Quarto Group.
Cover and Interior Design: Evelin Kasikov

Deutsche Erstausgabe

Königsfurt-Urania Verlag GmbH, Ringstr. 32, D-24103 Kiel
info@koenigsfurt-urania.com · www.koenigsfurt-urania.com

Übersetzung und Lektorat: Saskia Draxler, Wermelskirchen
Satz und Layout: № 40 Grafik & Satz, Götheby Holm
Printed in China

ISBN 978-3-86826-815-7

MIX
Papier | Fördert gute Waldnutzung
FSC® C016973
www.fsc.org

Dieses Buch ist
für alle Pulp Girls da draußen!
Ein riesengroßes Dankeschön
für euren Support, ihr Süßen.
Ihr seid und bleibt einfach
die Besten!

Inhalt

Einleitung

Hallo, Liebes! Wir freuen uns total, dass du uns auf dieser magischen Reise in die Welt der Astrologie begleitest. Wir sind Brianna und Cailie, das kreative Team hinter The Pulp Girls. Wir sind Schwestern, beste Freundinnen und arbeiten seit vielen Jahren zusammen – angefangen bei den Theaterstücken, die wir uns als Kinder ausgedacht haben (und deren Autorinnen, Produzentinnen und Regisseurinnen wir natürlich waren), bis zu den Vintageklamotten, die wir in unserer Jugend mit Upcycling wieder fit gemacht und verkauft haben. Damals wie heute ist es unser Ziel, die Welt ein bisschen bunter und selbstbewusster zu machen. Genau diese Vision hat uns zu unserem gemeinsamen Projekt The Pulp Girls geführt. So eine kreative Kollaboration zwischen zwei Besties hat schon etwas Magisches. Man findet einen gemeinsamen Vibe und inspiriert und ermutigt sich gegenseitig.

Wir waren schon immer total fasziniert von Fantasiewelten, in denen man sich völlig verlieren kann. Mit The Pulp Girls wollen wir genau jene Traumwelten aufs Papier bringen, von denen wir seit unserer Kindheit träumen, ob es nun ein magischer geheimer Garten voller Feen und Frösche ist oder ein Arthouse Film aus den 1970ern. Und wir sind überglücklich, dass andere Träumer:innen – so wie du – ein Teil davon sind!

Jetzt fragst du dich wahrscheinlich, was das Ganze mit Astrologie zu tun hat? Vielleicht hast du mal zum Spaß dein Horoskop gelesen? Wir auf jeden Fall! (Und natürlich auch das unserer BFF. Und das von unserem Crush.) Klar kannten wir beide unser Sonnenzeichen, aber mehr auch nicht. Also alles ziemlich basic. Erst im College haben wir uns intensiver mit Astrologie beschäftigt. Wir wollten mehr über Persönlichkeitstypen erfahren und herausfinden, warum manche Menschen besser zusammenpassen als andere. Der nächste Schritt war also logisch: Wir haben unser Geburtshoroskop – oder auch Birth Chart – berechnet.

Als wir zum ersten Mal unser Chart in der Hand hielten, fühlten wir uns ein bisschen wie im Mathe-Unterricht. Es sah aus wie eine irre komplizierte Gleichung voller Linien, Winkel, Symbole und Gradzahlen. Ehrlich gesagt waren wir von so vielen Infos ziemlich erschlagen.

Allein beim Versuch, alles zu entziffern, kann einem schon schwindlig werden! Aber wenn man mal darüber nachdenkt, was ein Birth Chart eigentlich ist – nämlich die Zusammenfassung deiner Vergangenheit, Gegenwart und wundervollen Zukunft – wird klar, warum es so kompliziert ist. Also sind wir drangeblieben, haben unser Wissen über Astrologie erweitert und uns davon inspirieren lassen. Die Sterne geben uns die Möglichkeit, unsere Wünsche und Bedürfnisse auf einer tieferen Ebene zu verstehen – das ist schon ziemlich bemerkenswert! Je besser wir die Basics der Astrologie draufhatten, desto öfter ließen wir sie auch in unsere Arbeit einfließen. Unserer Meinung nach bietet Astrologie die perfekte Mischung aus Selbstreflexion und Aha-Erlebnissen – etwas, das uns auch in unserer Arbeit sehr wichtig ist.

Ganz egal, ob du erst am Anfang deiner astrologischen Reise stehst oder schon ein echter Astro-Pro bist, wir wollen dir mit diesem Buch drei Dinge mit auf den Weg geben: neues Wissen, Ideen für magische Praktiken und vor allem ganz viel Spaß! Mit unserem Astrologie-Guide kannst du sofort loslegen und hast schon bald den perfekten Gesprächseinstieg auf Lager: „Was ist dein Sternzeichen?“

Kapitel 1

Astrologie Basics

Herzlich willkommen im Anfängerkurs für Astrologie! Astrologie gibt es schon lange. Also, seit-Jahrhunderten-und-über-viele-Kulturen-hinweg-lange. Ganz egal, ob du nun tatsächlich an den Einfluss der Sterne auf unser Leben glaubst oder Sternzeichen eher als unterhaltsame Kategorie zum Einteilen von Persönlichkeitstypen siehst, du musst zugeben, dass Astrologie ihren festen Platz in unserer Kultur hat. Und warum auch nicht? Ob als Smalltalk-Thema oder Tool zur Selbstreflexion – Astrologie macht vor allem einfach richtig viel Spaß.

Für viele beginnt die Reise zu den Sternen mit ihrem Sonnenzeichen, allgemein auch als Sternzeichen bekannt. Man kann es auch ganz easy herausfinden. Alles, was du brauchst, ist ein Geburtsdatum. Voilà: Sonnenzeichen entdeckt, unzählige Astro-Memes freigeschaltet. Mit Astrologie kannst du dich selbst und deine Beziehungen nochmal ganz anders kennenlernen. Zum Beispiel, wenn du checkst, dass deine Rivalin in der Unterstufe Waage war oder dass deine Tante mit einem Faible für Kristalle ein Wassermann ist. Auf einmal ergibt all das viel mehr Sinn. Bald wirst du eine völlig neue Sprache sprechen und Sätze sagen wie: „Wow, das ist echt typisch Jungfrau!“, wenn deine BFF mal wieder ihren kompletten Kleiderschrank neu organisiert.

Wir haben gute Nachrichten: Die Sonnenzeichen sind nur die Spitze des Astro-Eisbergs! Es gibt noch viel mehr zu entdecken als die Position der Sonne in dem Moment, als du das Licht der Welt erblickt hast. Immerhin gibt es nur zwölf Tierkreiszeichen, aber definitiv mehr als zwölf Persönlichkeitstypen. Dein Geburtshoroskop enthält unglaublich viele Infos und kein Chart ist wie das andere. Die Konstellation der Planeten und ihr Einfluss auf uns ist total individuell. Hast du dich schon mal gefragt, warum du mit einer Person mega gut klarkommst, aber eine andere dich völlig in den Wahnsinn treibt? Oder warum du dich für die kleinsten Fehler so runtermachst? Wieso du etwas Bestimmtes brauchst, damit du dich sicher und geborgen fühlst, und deine Freund:innen ganz andere Bedürfnisse haben? Sobald du dich näher mit den einzelnen Tierkreiszeichen beschäftigst, wirst du merken, dass alle Positionen in deinem Chart dich zu etwas ganz Besonderem machen.

Aber eins nach dem anderen. Auf der nächsten Seite findest du eine Schritt-für-Schritt-Anleitung für das allerwichtigste Astrologie-Tool: Dein Geburtshoroskop. Los geht's!

Dein Geburtshoroskop

Happy Birthday, Liebes! An welchem Tag hast du unseren Planeten zum ersten Mal mit deiner Anwesenheit beehrt? Um welche Uhrzeit? Und wo? Wir wollen gar nicht aufdringlich sein, aber du brauchst diese Infos, um dein Geburtshoroskop zu berechnen. Es ist der Universalschlüssel zu deinem astrologischen Steckbrief. Das Birth Chart visualisiert den Nachthimmel zum exakten Zeitpunkt deines allerersten Atemzugs. Was haben die Planeten so getrieben, als du endlich hier angekommen bist? Falls du vorher noch nie dein Chart erstellt hast, nimm dir jetzt ein paar Minuten Zeit. Du brauchst es, damit du mit diesem Buch arbeiten kannst. Also schnapp dir deine Geburtsurkunde und folge unserer Anleitung!

Erstelle dein Birth Chart

Zutaten

Anleitung:

1. Besorge dir die oben genannten Informationen. Sei so genau wie möglich!
2. Such im Internet nach einem Geburtshoroskop-Rechner.
3. Mache Screenshots von deinem gesamten Chart. Ja, das sind SEHR viele Infos. Keine Angst, wir bleiben bei den Basics.
4. Das wars schon! Wir konzentrieren uns in diesem Buch auf die Großen Drei: das Sonnenzeichen, das Mondzeichen und den Aszendenten.

Nun siehst du einen Kreis mit ganz vielen Linien und Punkten. Suche nach diesen Symbolen für die Großen Drei:

Sonne   Mond   Aszendent

Jedes dieser Symbole wird einem Tierkreiszeichen zugeordnet. Die meisten Onlinerechner geben dir eine Übersicht, aber es schadet nicht zu wissen, wie man ein Chart liest. Wenn du Hilfe bei den Symbolen brauchst, sieh mal in unserem Miniglossar auf Seite 190 nach.

HINWEIS

Deine Geburtsurkunde ist die beste Quelle für die nötigen Informationen. Falls du sie nicht zur Hand hast, kannst du deine exakte Geburtszeit auch anders herausfinden. Am einfachsten ist es wahrscheinlich, deine Mum zu fragen. Sollte das keine Option sein, aber du kennst deinen Geburtsort, kannst du eine Bescheinigung über die Geburtszeit beim zuständigen Standesamt beantragen. Wenn alle Stricke reißen, könntest du eine Geburtszeitkorrektur in Erwägung ziehen. Hier versucht eine Astrologin oder ein Astrologe deines Vertrauens deine Geburtszeit rückwirkend anhand verschiedener Lebensereignisse zu rekonstruieren.

Die Sprache der Astrologie

Okay, dein wahnsinnig kompliziert aussehendes Birth Chart ist fertig. Aber wie sollst du es entschlüsseln? Dazu wollen wir dir einen kurzen Einführungskurs in die Sprache der Astrologie geben. Denn damit du möglichst viel aus unserem Buch mitnimmst, musst du erst ein paar Grundbegriffe kennenlernen. Und wie bei jeder neuen Sprache kann sich das nach ganz schön viel auf einmal anfühlen!

Es gibt Tierkreiszeichen, Häuser, Elemente, Modalitäten, Aspekte, Symbole und Charts mit einem Haufen Linien. Aber keine Angst, du hast alle Zeit der Welt, dich mit den Begriffen vertraut zu machen. Lernen ist ein Prozess, das gilt auch für Astrologie! Vieles ergibt auch erst Sinn, wenn du dich intensiver mit dir und deinem Chart auseinandersetzt.

Wir haben den Großen Drei je ein ganzes Kapitel gewidmet. Dort erfährst du mehr über Sonne, Mond und Aszendent. Diese drei Positionen – oder auch *Placements* – sowie dein Merkur-, Venus- und Marszeichen haben den größten direkten Einfluss auf dich und dein Leben. Wenn dein Astro-Abenteuer gerade erst losgeht, solltest du dich zunächst auf die Großen Drei konzentrieren. Bevor wir dir mehr dazu erzählen, machen wir aber noch einen kurzen Abstecher zu den Modalitäten und Elementen. Sie verpassen jedem Tierkreiszeichen ihren individuellen Stempel.

Modalitäten

Die Tierkreiszeichen lassen sich in drei verschiedene Modalitäten einteilen: Kardinalzeichen, fixe Zeichen und bewegliche Zeichen. Als Eselsbrücke kannst du dir die Jahreszeiten vorstellen: Kardinalzeichen sind am Anfang der Jahreszeit geboren – sie ergreifen die Initiative und sind immer einen Schritt voraus. Fixe Zeichen mögen die Stabilität der Jahreszeitenmitte. Bewegliche Zeichen stehen am Ende der Jahreszeit und mögen die Veränderung, den der Jahreszeitenwechsel mit sich bringt.

Kardinalzeichen
sind echte Macher:innen. Mit ihrer Energie treiben sie die Dinge voran.

- Der **Widder** läutet den Frühling ein und hat schon beim ersten Schneeglöckchen alles fest im Griff.
- Der **Krebs** ist das erste Tierkreiszeichen des Sommers. Bei ihm dreht sich alles um emotionale Connections.
- Mit der **Waage** starten wir in den Herbst. Ihre Stärke: Beziehungen aufbauen.
- Der **Steinbock** bringt uns den eisigen Winter. Er schmiedet langfristige Pläne, die er auch durchzieht.

Fixe Zeichen
sind genau in der Mitte jeder Jahreszeit geboren. Sie sind beständig, ausdauernd und zuverlässig.

- Der **Stier** verkörpert den Frühling und genießt die Welt mit allen Sinnen.
- Der **Löwe** ist *das* Sommerzeichen und steht mit seiner fröhlichen Ausstrahlung gern im Mittelpunkt.
- **Skorpione** haben eine scharfe emotionale Beobachtungsgabe und zucken nicht vor den düsteren Themen des Herbstes zurück.
- Der **Wassermann** hält den ganzen Winter lang alles mit seiner Intelligenz am Laufen.

Bewegliche Zeichen
sind in der Zeit des Wandels am Ende der Jahreszeiten geboren. Sie sind flexibel und unglaublich anpassungsfähig.

- **Zwillinge** stehen am Wechsel von Frühling zu Sommer. Sie sind gesellig und kommunikativ.
- Als effizientes Organisationstalent überwacht die **Jungfrau** den Sommer-Herbst-Wechsel.
- Der **Schütze** zeigt seine Begeisterung, wenn die Tage kürzer werden.
- Die **Fische** sind total verträumt und lieben die Zeit zwischen Winter und Frühling, in der alles möglich scheint.

Elemente

Jedes Tierkreiszeichen wird mit einem der vier Elemente in Verbindung gebracht: Feuer, Erde, Luft und Wasser. Feuerzeichen strahlen Begeisterungsfähigkeit aus und haben ein starkes Auftreten. Erdzeichen brauchen Stabilität und mögen alles Praktische und Bodenständige. Bei Luftzeichen dreht sich alles um Kommunikation und Verstand. Wasserzeichen sind sehr feinfühlig und haben eine unvergleichliche Intuition. Kombiniere die Modalität und das Element deines Sternzeichens für deinen ganz persönlichen Astro-Flavor!

Feuer

Widder, Löwe, Schütze

Alle drei Feuerzeichen sind spontan und ausdrucksstark. Wie ihr Element spenden sie Wärme und Licht – und sie können ganz schön hitzig sein! Feuerzeichen mögen es laut und schnell. Sie sind mutig, eigenständig und manchmal auch ein bisschen forsch. Widder ist das kardinale Feuerzeichen, Löwe ist das fixe Feuerzeichen und Schütze das bewegliche Feuerzeichen.

Erde

Stier, Jungfrau, Steinbock

Erdzeichen lieben den stabilen Boden unter ihren Füßen. Sie brauchen messbare Ziele, auf die sie hinarbeiten können. Materielles ist ihnen wichtig, deshalb wissen Erdzeichen ganz genau, was sie wollen – und arbeiten hart, um es zu bekommen. Alle drei Zeichen wollen Ordnung im Chaos schaffen. Stier ist das fixe Erdzeichen, Jungfrau das bewegliche Erdzeichen und Steinbock das kardinale Erdzeichen.

Luft

Zwilling, Waage, Wassermann

Bei Luftzeichen dreht sich alles um Kommunikation und Informationsaustausch. Jedes dieser Zeichen ist mit einer großen Klappe und beeindruckender Intelligenz gesegnet. Mit ihrer charmanten Art holen sie sich zuerst alle Fakten, bevor sie Situationen aus jeder möglichen Perspektive betrachten. Zwilling ist das bewegliche Luftzeichen, Waage das kardinale Luftzeichen und Wassermann das fixe Luftzeichen.

Wasser

Krebs, Skorpion, Fische

Wasserzeichen schwimmen in einem Meer aus Gefühlen. Als mega empathische und intuitive Zeichen vertrauen sie zu hundert Prozent ihrem Bauchgefühl. Auch wenn sie es vielleicht nicht zugeben wollen, sind diese Zeichen super empfindlich – Stimmungsschwankungen und stundenlanges Anschweigen inklusive. Krebs ist das kardinale Wasserzeichen, Skorpion das fixe Wasserzeichen und Fische das bewegliche Wasserzeichen.

Die Planeten und ihr Vibe

Wie du sicher schon bemerkt hast, wird dein Birth Chart von vielen verschiedenen Dingen beeinflusst. Aber im Mittelpunkt stehen auf jeden Fall die Planeten! Jeder Planet – plus Sonne und Mond – beeinflusst dich und dein ganzes Leben, von deinem Geburtshoroskop bis zu deinem Alltag. Es ist total wichtig, dass du jeden dieser Himmelskörper mit ihrem Vibe kennenlernst. Denn jedes Tierkreiszeichen wird von einem (oder mehreren) Planeten beherrscht, die wiederum ihre ganz eigenen Stärken und Schwächen mitbringen.

Sonne

Einfluss: „Planet" des Selbst – Persönlichkeit und Ego
Vibe: Leuchtend und ausdrucksstark
Beherrscht den majestätischen Löwen

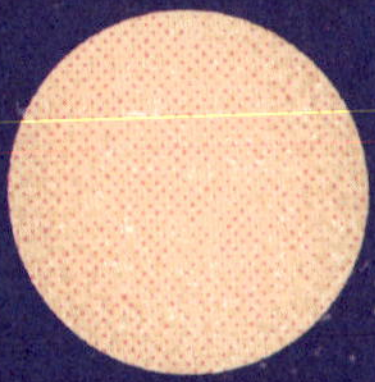

Mond

Einfluss: „Planet" der Emotionen – Gefühlsleben und Seel
Vibe: Nachdenklich und fürsorglich
Beherrscht den intuitiven Krebs

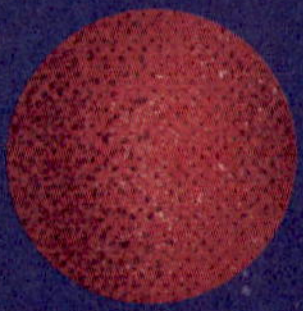

Merkur

Einfluss: Planet der Kommunikation – Verstand und Bewegung
Vibe: Rastlos und neugierig
Beherrscht den schlagfertigen Zwilling und die scharfsinnige Jungfrau

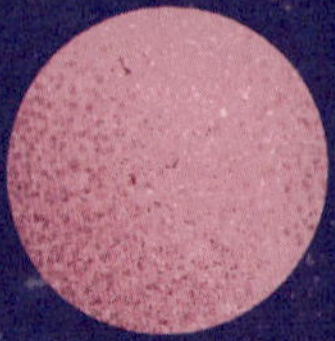

Venus

Einfluss: Planet der Liebe und des Geldes – Romantik und Genuss
Vibe: Kultiviert und sinnlich
Beherrscht den lustvollen Stier und die ausgeglichene Waage

Mars

Einfluss: Planet der Leidenschaft – Aktivität und Tatendrang
Vibe: Entschlossen und ehrgeizig
Beherrscht den feurigen Widder und den leidenschaftlichen Skorpion

Jupiter

Einfluss: Planet des Glücks – Wohlstand und Wissen
Vibe: Klug und gütig
Beherrscht den charismatischen Schützen und die spirituellen Fische

Saturn

Einfluss: Planet des Schicksals – Disziplin und Verantwortung
Vibe: Selbstbeherrscht und ernst
Beherrscht den ehrgeizigen Steinbock und den verantwortungsbewussten Wassermann

Uranus

Einfluss: Planet der Rebellion – Freiheit und Erfindungsgeist
Vibe: Unkonventionell und revolutionär
Beherrscht den exzentrischen Wassermann

Neptun

Einfluss: Planet der Illusion und Inspiration
Vibe: Fesselnd und geheimnisvoll
Beherrscht die verträumten Fische

Pluto

Einfluss: Planet der Macht und Veränderung
Vibe: Zerstörerisch und erneuernd
Beherrscht den übersinnlichen Skorpion

Die Großen Drei: Sonne, Mond und Aszendent

Bevor wir uns jedes Zeichen näher ansehen, wollen wir nochmal kurz erklären, was Sonnenzeichen, Mondzeichen und Aszendent eigentlich bedeuten. Wie schon gesagt, nennt man diese Zeichen auch „die Großen Drei". Es sind die Placements, die dich und deinen Alltag am meisten beeinflussen. Warum? Weil sie definieren, wie du mit deiner Umwelt interagierst. Alle drei gehören zu den „persönlichen Planeten" – im Gegensatz zu den „Generationsplaneten".

Du hast bestimmt schon mal ein Bild unseres Sonnensystems gesehen, oder? Stell dir also Folgendes vor: Die Sonne ist in der Mitte und die Planeten umkreisen sie auf ihren Umlaufbahnen. Wir beginnen mit Merkur, der der Sonne am nächsten ist, und enden bei Pluto, der einsam und verlassen am Ende des Sonnensystems seine Bahnen zieht und offiziell gar kein Planet mehr ist.

Je näher die Planeten der Sonne sind, desto schneller haben sie natürlich ihre Reise um die Sonne abgeschlossen. Das betrifft dein Sonnenzeichen, Mondzeichen und deinen Aszendenten sowie dein Merkur-, Venus- und Marszeichen. Diese Placements können sich super schnell ändern – besonders der Aszendent –, deshalb ist es so wichtig, dass du für dein Chart deine genaue Geburtszeit kennst. Die restlichen Planeten sind „Generationsplaneten": Jupiter, Saturn, Uranus, Neptun und Pluto haben eine viiiel längere Umlaufzeit. Das Jupiterzeichen ändert sich ungefähr alle zwölf Jahre und Pluto kann sogar jahrzehntelang im gleichen Tierkreiszeichen stehen! Die äußeren Planeten beeinflussen also ganze Generationen – daher der Name.
In diesem Buch konzentrieren wir uns auf Sonne, Mond und Aszendent. Deine Sonne ist der Kern deiner Identität.
So wie die Sonne in der Mitte unseres Planetensystems steht, kreisen alle Placements in deinem Chart um dein hell leuchtendes Sonnenzeichen. In der Astrologie steht die Sonne für dein Selbstbild und wie du deine Persönlichkeit zum Ausdruck bringst. Außerdem beeinflusst es dein Handeln.

Dein Mond hingegen steht für dein inneres Selbst oder deine Gefühlswelt. Das Mondzeichen beschreibt die persönlichere Seite deiner Identität, die andere erst zu sehen bekommen, wenn sie dich richtig gut kennen.

Dein Mondzeichen beeinflusst, wie du reagierst, wie du Gefühle verarbeitest und wie du dich unterbewusst in Beziehungen verhältst. Es gibt dir auch Aufschluss darüber, welche Menschen, Strukturen und Muster dir in deinem Leben Halt geben und wie du mit anderen zusammenpasst. Wenn du herausfinden willst, was jemand braucht, um sich gesehen und wertgeschätzt zu fühlen: Check sein oder ihr Mondzeichen!

Der Aszendent macht deine Großen Drei komplett. Er ist die Maske, die du in der Öffentlichkeit trägst. Der Aszendent hat einen großen Einfluss auf dein Auftreten, dein Aussehen und den Eindruck, den du bei anderen hinterlässt. Wenn du jemanden triffst und denkst, wow, das muss eine Waage sein, nur um dann herauszufinden, dass sie oder er im Sonnenzeichen Fische ist, hast du wahrscheinlich die Energie des Aszendenten aufgeschnappt. Dein Aszendent ist dein Vibe – die Aura, die dich umgibt.

Wenn du durcheinanderkommst, welches Zeichen wofür steht, haben wir hier einen kleinen Spickzettel für dich.

SONNE

☉

Identität
Aktion
Bewusstsein
Tag
„Ich bin“

MOND

☽

Emotionen
Reaktion
Unterbewusstsein
Nacht
„Ich fühle“

ASZENDENT

ASC

Aura
Interaktion
Ausstrahlung
Dämmerung
„Ich handle“

Sonnenzeichen

Die Astrologie-Basics hast du drauf, dann geht es jetzt ans Eingemachte! Den Anfang machen die Sonnenzeichen, allgemein bekannt als Sternzeichen. Die meisten Horoskope beziehen sich auf das Sonnenzeichen. Denn man kann es super easy herausfinden – das Geburtsdatum reicht dafür aus. Auch wenn die Beschreibung immer ein bisschen allgemein gehalten ist, sind sich Menschen mit dem gleichen Sonnenzeichen ganz schön ähnlich.

Nochmal zur Wiederholung: Das Sonnenzeichen steht für deine Identität und den zentralen Punkt deines Ichs. Es beschreibt dein Selbstbild, deinen Selbstwert und dein Lebensziel. Also ganz schön entscheidende Punkte! Klar sind Menschen viel komplexer, als es ein Tierkreiszeichen jemals sein kann. Deshalb ist es auch so wichtig, immer dein ganzes Geburtshoroskop zu betrachten. Alle Planeten umkreisen die Sonne zum Zeitpunkt deiner Geburt und machen dein wundervolles Ich aus.

Trotzdem solltest du deine astrologische Reise in der Mitte beginnen: Bei deinem Sonnenzeichen. Immerhin ist es der Schlüssel zu deiner Persönlichkeit. Alle anderen Placements in deinem Chart beeinflussen diesen Kern deiner Identität und umgekehrt. Bei allen Sonnenzeichen haben wir die übliche Zeitspanne der Geburtstage angegeben, aber der erste und letzte Tag kann je nach Jahr variieren. Also schnapp dir dein Birth Chart und los geht's!

WIDDER

Sonne im Widder

21. März-19. April

Der Widder ist das kardinale Feuerzeichen und wird vom Planeten Mars beherrscht. Wie du vielleicht schon weißt, ist Mars in der römischen Mythologie der Gott des Krieges. So wie er brauchst du ständig Action und ergreifst gerne die Initiative. Bei neuen Projekten bist du sofort Feuer und Flamme, und deine Unabhängigkeit steht vermutlich ganz weit oben auf deiner Liste der Dinge, ohne die du nicht leben kannst. Du hast eine ungeheure Lust aufs Leben und bist mit unerschütterlicher Lebensfreude gesegnet.

Dank dem Einfluss von Mars bist du außerdem mega spontan. Oft triffst du Entscheidungen, ohne großartig darüber nachzudenken, und findest dich deshalb manchmal in Situationen wieder, denen du eigentlich nicht gewachsen bist. Zum Glück bringst du dich damit selten in ernsthafte Schwierigkeiten. Widder sind selbstbewusst, mutig und immer in Bewegung. Als sehr körperbetontes Zeichen haben sie ein tiefes Bedürfnis nach physischen Aktivitäten, von klassischem Krafttraining über Tanzen bis zu kreativem Arbeiten mit den Händen.

Pass aber auf, dass du nicht zu rechthaberisch rüberkommst. Widder sind oft extrem offensiv. Du denkst vielleicht, ein bisschen gesundes Konkurrenzdenken hat noch niemandem geschadet, aber auf andere könnte das aggressiv, übergriffig und angriffslustig wirken. Verkneif es dir, wenn es nicht zur Situation passt! Und auch wenn du super stark bist, Liebes – du bist keine Maschine. Nimm dir Zeit zur Selbstreflexion, um all deine komplexen Gefühle zu verarbeiten.

STIER

Sonne im Stier

20. April-20. Mai

Kaum jemand ist so gechillt wie der Stier. Das fixe Erdzeichen wird vom Liebesplaneten Venus beherrscht. So wie sie willst du das Leben in vollen Zügen genießen. Du entdeckst die Welt mit allen fünf Sinnen – Materielles und Ästhetik ist dir also ziemlich wichtig. Dein guter Geschmack zieht sich wie ein roter Faden durch dein Leben. Du kennst die besten Restaurants, erstellst die smoothesten Playlists und hast für alles die perfekte Empfehlung auf Lager. Alle Stiere haben eine versteckte (oder eher offensichtliche) materialistische Seite an sich. Das Leben ist einfach viel zu verlockend, um es nicht voll auszukosten, oder?

Wie alle Erdzeichen ist der Stier extrem zuverlässig. Auf dich kann man sich immer verlassen und du hältst alle deine Versprechen ohne Ausnahme. Als Stier brauchst du Halt und Stabilität, plötzliche Veränderungen und große Risiken sind nichts für dich. Aber man sollte sich vor deinen Hörnern in Acht nehmen! Stiere lassen es gerne ruhig angehen und mögen es absolut nicht, wenn sie gehetzt werden. Der Stier gilt oft als kleiner Faulpelz unter den Sternzeichen. Zu Unrecht: Auch wenn du dir bei deinen Aufgaben eher Zeit lässt, lieferst du tolle Ergebnisse ab. Work smarter, not harder!

Wenn du dir den perfekten Tag vorstellen müsstest, sähe er vermutlich so aus: An einem sonnigen Plätzchen bei ausgelassener Stimmung, gutem Essen und teurem Wein mit den Besties chillen. Warum auch nicht! Immerhin arbeitest du hart für deinen Erfolg. Als fixes Zeichen hast du ein legendäres Durchhaltevermögen und du tust alles, um deine Ziele zu erreichen. Von außen wird diese Willensstärke allerdings oft als Dickköpfigkeit interpretiert. Denn hat sich der Stier erst mal etwas in den Kopf gesetzt, will er es auch auf Biegen und Brechen durchsetzen. Außerdem gilt er als eifersüchtig und besitzergreifend, was mit seinem Bedürfnis nach Stabilität zusammenhängt. Deshalb solltest du dir immer wieder bewusst machen, dass Veränderungen auch etwas Positives sein können. Es ist mehr als genug für alle da!

ZWILLINGE

Sonne im Zwilling

21. Mai - 21. Juni

Liegt die Sonne in den Zwillingen, steht langsam der Sommer vor der Tür: Die Tage werden länger, die Blumen blühen und man hat das Gefühl, einfach alles ist möglich. Als Zwilling zählst du zu den lebhaftesten Sternzeichen. Dein Herrscher ist Merkur, Götterbote und Schutzgott der Reisenden. Deine Neugier und dein unstillbarer Wissendurst treiben dich an. Außerdem hast du unzählige Interessen und Talente. Als bewegliches Zeichen hast du kein Problem damit, dich anzupassen. Wie du ganz instinktiv weißt, gibt es ohne Veränderung kein Wachstum – und deshalb findest du dich auch in unerwartet schwierigen Situationen schnell zurecht.

Wie der Name schon sagt, haben Zwillinge zwei Gesichter. Vielleicht bekommt deine Familie die eine Seite zu sehen, aber in deinem Freundeskreis bist du ein völlig anderer Mensch. Diese ständige Veränderung bringt deine Mitmenschen an ihre Grenzen, aber es ist trotzdem eine tolle Eigenschaft. Indem du alles gern aus verschiedenen Blickwinkeln betrachtest, findest du oft kreative Lösungen, die andere gar nicht sehen. Außerdem bist du der perfekte Partygast, der mühelos die Stimmung aufschnappt und in die dafür perfekte Rolle schlüpft. Zwillinge kommen mit jedem ins Gespräch und sind echte Labertaschen. Mit deinem natürlichen Verlangen nach Informationsaustausch hast du immer eine witzige Story auf Lager oder kennst den neuesten Gossip. Aber Vorsicht: Wähle deine Worte mit Bedacht, um niemanden zu verletzen.

Vielleicht fühlst du dich manchmal wie die Widersprüchlichkeit in Person, aber das ist nur Ausdruck deiner erstaunlichen Anpassungsfähigkeit. Irgendwie schaffst du es, alles gleichzeitig zu sein: introvertiert und extrovertiert, ernst und albern, Pro und Kontra. Als Zwilling willst du einfach alles erleben, was die Welt zu bieten hat! Du beginnst ständig neue Projekte – ob du sie auch zu Ende bringst, steht auf einem anderen Blatt. Mit dem Wort „Routine" kann man dich jagen, was für dein Umfeld echt frustrierend sein kann. Sobald du merkst, dass du gerade wieder besonders flatterhaft bist, solltest du dich erden und dir deine innersten Wünsche und Bedürfnisse ins Bewusstsein rufen.

KREBS

Sonne im Krebs

22. Juni - 22. Juli

Als kardinales Wasserzeichen sind dem Krebs emotionale Connections super wichtig. Du bist von Natur aus extrem fürsorglich und weißt instinktiv, was andere brauchen. Es ist fast schon unheimlich, wie schnell du checkst, dass es jemandem nicht gut geht, teilweise bevor die Person es selbst bemerkt. Da erscheint es logisch, dass der Krebs mit der traditionellen Mutterrolle in Verbindung gebracht wird. Du hast all die bedeutungsvollen Kleinigkeiten auf dem Schirm: Geburtstage, Lieblingsessen, der eine Tag vor fünf Jahren, als du und deine BFF nur mit Blicken kommuniziert habt. Du hast keine Angst vor den schwierigen Themen, denen andere gern aus dem Weg gehen und selbst komplizierten Gefühlen blickst du unerschrocken ins Auge. Das Leben kann manchmal echt hart sein, aber auch wenn es düster ist, du bist immer für deine Liebsten da.

Wo er auch ist, der Krebs schafft überall ein wohlig-warmes Gefühl von Zuhause. Du kümmerst dich gern um andere und liebst den Zusammenhalt, der dabei entsteht. Selbst wenn du nicht oft den Kochlöffel schwingst, kannst du also vermutlich ziemlich gut Kochen und Backen. Dein Zuhause ist dein sicherer Hafen und du kannst es nicht leiden, wenn sich hier angespannte Stimmung breitmacht. Du brauchst Bestätigung, dass du die Liebe, die du gibst, auch zurückbekommst und hast deshalb eine kleine Schwäche für dramatische Loyalitätsbeweise.

Dein Mitgefühl ist deine größte Stärke, aber ohne klare Grenzen wird sie zum Fluch. Der emotionale Ballast, den du dir aufládst, kann dich ganz schön runterziehen. Der Krebs gilt als launisch, aber das liegt daran, dass er sich alles sehr zu Herzen nimmt, um andere zu schützen. Das laugt emotional aus – da kann man schon mal melancholisch werden. Wenn du frustriert bist, zeigst du das eher indirekt. Denn du gehst Konflikten lieber aus dem Weg, damit auch ja niemand unzufrieden ist. Manchmal wäre es aber besser, in die Offensive zu gehen, damit du am Ende nicht am meisten leidest. Dabei musst du weder passiv-aggressiv sein, noch dich in dein Schneckenhaus verkriechen. Mach dir deine starken Verbindungen zunutze, aber behalte dabei immer deine eigenen Bedürfnisse im Fokus.

LÖWE

Sonne im Löwen

23. Juli-22. August

Mit der Sonne im glamourösen und majestätischen Löwen strahlst du heller als jeder Stern. Es ist offensichtlich, wie viel Power und Leidenschaft durch deine Adern fließen, und du weißt ganz genau, welchen Effekt du auf andere hast. Der Löwe ist der geborene Entertainer. Sobald er die Bühne betritt, sind alle Augen nur auf ihn gerichtet. Und Drama liegt dir – im positiven wie im negativen Sinn. Als fixes Feuerzeichen hast du ein unglaubliches Durchhaltevermögen und perfektionierst damit die Form der Selbstdarstellung, die am besten zu dir passt. Für viele Löwen ist das das Rampenlicht, aber wofür auch immer du innerlich brennst, du bist vermutlich *richtig* gut darin!

„Höher, schneller, weiter" ist das Motto des Löwen. Du liebst die großen Pläne, das Drama und was das Leben sonst noch so zu bieten hat. Am wohlsten fühlst du dich in Gesellschaft von Menschen, die sich von deiner Lebensfreude anstecken lassen. Aber wenn sich andere nur in deinem Licht sonnen und nie etwas zurückgeben, wirst du verbittert und selbstgerecht. Als Löwe kannst du die Dinge aus eigener Kraft verändern. Also sag toxischen Beziehungen Lebewohl und zieh mit deinem Charisma nur die Menschen an, die dich noch heller strahlen lassen.

Mit der Sonne im Löwen überschüttest du deine Lieblingsmenschen gerne mit Aufmerksamkeit und Geschenken. Natürlich erwartest du, dass das auch wertgeschätzt wird. Immerhin spendest du anderen so viel Licht und Wärme, da hast du wohl ein Dankeschön verdient. Was soll so schlimm daran sein, von anderen bewundert zu werden? Löwen haben ein tiefes Bedürfnis nach Anerkennung. Wird sie ihnen verwehrt, können sie ganz schön egozentrisch und selbstverliebt rüberkommen. Komplimente nimmst du immer gerne an, aber selbst konstruktive Kritik wird eher als persönlicher Angriff gesehen. Du bist viel sensibler als du nach außen zeigst. Deshalb ist es super wichtig, dir bewusst zu machen, dass die meisten Menschen – vor allem die, die dir nahestehen – nur dein Bestes wollen. Also atme tief durch und hör dir an, was sie zu sagen haben.

JUNGFRAU

Sonne in der Jungfrau

23. August - 22. September

Selbstlos und hilfsbereit will die Jungfrau die Welt zu einem besseren – und ordentlicheren – Ort machen. Du hast wahrscheinlich extrem hohe Ansprüche, nicht nur an andere, sondern vor allem an dich selbst. Jungfrauen sind berühmt für ihren Perfektionismus. Nie im Leben würdest du dich mit einer mittelmäßigen Leistung zufriedengeben. In einer Welt voller Chaos willst du das Leben in schöne, praktische Kategorien einteilen. Du willst alles optimieren, weil du einfach weißt, dass vieles besser wäre, wenn sich die anderen nur mehr Mühe geben würden – so viel Mühe wie du eben! Und das, obwohl du weißt, dass Fehler nur menschlich sind und selbst der beste Plan schiefgehen kann.

Dein Planet ist der Merkur und obwohl du nur so vor neuen Ideen sprühst und eine beeindruckende Liste an Fähigkeiten vorweisen kannst, zerbrichst du dir ständig und über alles den Kopf. Tag und Nacht verarbeitet dein inneres Gedankenkarussell Informationen. Genau daher kommt das Klischee der ordnungsfanatischen Jungfrau. Du brauchst deine täglichen Putzroutinen, um auch in deinem Kopf ein bisschen aufzuräumen. Als Erdzeichen legst du viel Wert auf handfeste Ergebnisse. Deine Mitmenschen schätzen dich für deine wohlüberlegten Ratschläge und sie wissen genau, dass man immer auf deine Unterstützung zählen kann.

Deine mentale Energie treibt dich an – deshalb solltest du sie unbedingt in etwas investieren, das dir wirklich wichtig ist. Ohne klares Ziel vor Augen fällst du schnell deiner berüchtigten Selbstkritik zum Opfer und siehst nur noch all deine vermeintlichen Fehler. Wenn du gestresst bist, projizierst du das auch auf deine Umwelt. Dann neigst du dazu, andere zu micromanagen und ungefragte Ratschläge zu verteilen. Du musst lernen, dir selbst und anderen zu vergeben. Es ist überhaupt nicht schlimm, sorgfältig zu sein, solange es keine ungesunden Formen annimmt.

WAAGE

Sonne in der Waage

23. September
-22. Oktober

Die Waage steht für Ausgeglichenheit und Balance. Ihre Herrscherin ist Liebesplanet Venus und als harmoniebedürftiges Zeichen sorgt sie dafür, dass alles um sie herum im Gleichgewicht ist. Am wohlsten fühlst du dich, wenn du von schönen Dingen und intelligenten Menschen umgeben bist. Du bist total beliebt und es ist wirklich beeindruckend, wie du scheinbar mühelos neue Freundschaften und Connections bildest. In Wahrheit machst du dir aber ganz schön viele Gedanken, was andere von dir halten, und bist echt gut darin, die Erwartungen anderer zu erfüllen. Aber vergiss nicht, dass du deine eigenen Bedürfnisse auch einfordern darfst!

Die Waage kann Ungerechtigkeit auf den Tod nicht leiden. Du legst großen Wert auf Fairness und Integrität. Das passt wunderbar zu deiner objektiven Art, mit der du gerne alle Seiten beleuchtest. Du hast kein Problem damit, auch mal nachzugeben, wenn du damit den Frieden wahren kannst. Sei aber nicht zu diplomatisch. Merken deine Mitmenschen, dass du ausweichend antwortest oder bewusst Infos weglässt, riskierst du damit, ihr Vertrauen zu verlieren – obwohl du sie damit vielleicht nur schützen wolltest.

Als kardinales Luftzeichen bist du ein echter Beziehungsmensch und hast super sensible Antennen für fremde Schwingungen. Sobald jemand ein Problem hat, willst du es sofort lösen. Du vermittelst bei kleinen und großen Streitigkeiten und nutzt deinen natürlichen Charme, um die Wogen zu glätten. Diese Gabe hat aber leider ihren Preis: Du willst es so dringend allen recht machen, dass deine eigenen Bedürfnisse dabei auf der Strecke bleiben. Selbst bei der kleinsten Entscheidung bist du wie gelähmt, weil du zuerst darüber nachdenkst, welche Konsequenzen sie für andere haben könnte. Du musst lernen, die Dinge einfach offen anzusprechen. Konflikte gehören zum Leben dazu.

♏
SKORPION

Sonne im Skorpion

23. Oktober -21. November

„Stille Wasser sind tief“ – das fasst den Skorpion perfekt zusammen! Das fixe Wasserzeichen ist ein wandelndes Mysterium. Skorpione sind faszinierende, betörende Wesen, die auch ohne Worte eine unerklärliche Anziehungskraft auf andere ausüben. Ehrlichkeit ist für sie das Allerwichtigste. Du liebst es, Geheimnisse aufzudecken und *musst* einfach herausfinden, warum andere so sind, wie sie nun mal sind. Du kannst intuitiv vorhersagen, wie andere reagieren, fast so, als hättest du übersinnliche Kräfte. Alle Wasserzeichen teilen sich das instinktive Verständnis für die menschliche Natur, aber der Skorpion macht sich dieses Einfühlungsvermögen zunutze. Wie sein Namensgeber beobachtet er sein Opfer genau und holt im richtigen Moment zum Angriff aus, um zu bekommen, was er will.

Der Skorpion wird von Mars und Pluto beherrscht. Die feurige Mars-Energie zeigt sich in deiner unbändigen Leidenschaft, die nach außen schnell *too much* wirkt. Ganz bestimmt liebt niemand so innig und intensiv wie der Skorpion! Hat man einmal sein Herz erobert, ist er einem treu ergeben. Auf der anderen Seite sollte man sich auf den schmerzhaften Stich seines Stachels gefasst machen, wenn man ihn verärgert. Fehltritte vergisst du nicht so schnell und du kannst ziemlich nachtragend und rachsüchtig sein. Bist du mit dir nicht im Reinen, wirst du auch schnell besitzergreifend, eifersüchtig und skrupellos. Aber Vorsicht: sich an anderen zu rächen, macht es nicht einfacher, ein neues Kapitel aufzuschlagen.

Zum Glück verleiht dir Pluto, der Planet der Veränderung und Wiedergeburt, deine Widerstandsfähigkeit. Du hast keine Angst vor den dunklen Seiten des menschlichen Daseins und bist unglaublich gut darin, Schmerz und Trauma zu verarbeiten und in Stärke und innere Heilung umzuwandeln. Wie der Phönix aus der Asche steigst du auf und formst Chaos und Zerstörung in etwas Neues und Kraftvolles um. Das ist das Geheimnis hinter deiner Faszination!

SCHÜTZE

Sonne im Schützen

22. November
-21. Dezember

Der Schütze ist das bewegliche Feuerzeichen. Halb Pferd, halb Mensch durchstreift er die Wälder und ist immer auf der Suche – nach Abenteuern, Wissen, Erleuchtung, neuen Erfahrungen oder einfach nur Spaß! Du willst alles einmal ausprobieren und brauchst ständig Abwechslung in deinem Leben. Deshalb hat der Schütze den Ruf, sich nicht festlegen zu wollen, vor allem in Beziehungen. Nur damit das klar ist, es ist ein unhaltbares Klischee, dass Schützen panische Bindungsangst haben. Klar, du magst deine Freiheit. Aber das heißt nicht, dass du keine Beziehungen zu Menschen eingehst, die deine Unabhängigkeit respektieren und genauso locker sind wie du.

Als freiheitsliebender Mensch gehst du das Leben optimistisch an. Natürlich bist du auch mal unglücklich oder am strugglen, aber mit solchen Gefühlen hältst du dich nicht lange auf. Du bist fest davon überzeugt, dass hinter jeder Ecke ein neues und aufregendes Abenteuer auf dich wartet und begibst dich auf den schnellsten Weg dorthin. Wanderlust ist dein zweiter Name und du reist nicht nur gerne an fremde Orte, sondern wandelst auch auf spirituellen Pfaden. Ob dir traditionelle Bildungswege liegen oder nicht, du saugst begierig neues Wissen auf und lernst für dein Leben gerne.

Du hast immer eine witzige Story auf Lager und bist der geborene Comedian. Damit sorgst du einfach überall für eine lockere Atmosphäre und schließt super easy neue Freundschaften. Egal welches Thema, du hast immer etwas beizutragen. Leider bringt dich deine Wortgewandtheit manchmal auch in Schwierigkeiten – Schützen sind schonungslos ehrlich und hassen es zu lügen. Aber die Wahrheit kann ziemlich wehtun, vor allem dann, wenn das Gegenüber sie nicht verträgt. Natürlich währt Ehrlichkeit am längsten, aber deine Worte könnten ruhig ein bisschen mehr Taktgefühl vertragen. Auch wenn du es vielleicht nur gut meinst, ist es das nicht wert, die Gefühle anderer zu verletzen.

STEINBOCK

Sonne im Steinbock

22. Dezember
-19. Januar

Der Steinbock ist ein klassischer Highperformer, der alles erreicht, was er sich in den Kopf gesetzt hat. Erst mit einem klaren Ziel vor Augen blühst du förmlich auf. Du erntest zwar gerne die Früchte deiner harten Arbeit, aber du kannst auch langfristige Pläne verfolgen. Gut Ding will Weile haben, und du schaffst es, dir deine Energie klug einzuteilen. Das Symbol des Steinbocks ist der mythologische Ziegenfisch – du hast keine Angst, in luftige Höhen zu klettern und scheust nicht vor kreativen Lösungen zurück. Als kardinales Erdzeichen setzt du Pläne in die Tat um und nutzt dabei alle Tools, die dir zur Verfügung stehen. Kein Wunder, dass so viele erfolgreiche Menschen Steinbock sind!

Selbstbeherrschung ist ein großes Thema für den Steinbock. Gefühle hält er normalerweise unter Verschluss, vor allem gegenüber Menschen, die er nicht gut kennt. Es fällt dir schwer, deine wertvolle Zeit und Energie in etwas zu investieren, das dich nicht unmittelbar deinen Zielen näherbringt. Während es anderen Tierkreiszeichen schwerfällt Grenzen zu setzen, hast du eine ganze Burgmauer um dich errichtet. Deshalb wirkst du auf andere im ersten Moment total unnahbar und distanziert. Dabei brauchst du einfach nur ein bisschen Zeit, bis du aufgetaut bist – und andere mit deinem messerscharfen Verstand und klugen Humor begeisterst.

Der Steinbock ist der geborene Anführer. Von großen Projekten bis zum Spieleabend: Du bist ein echtes Organisationstalent. Du stellst hohe Ansprüche an dich und deine Arbeit, und diese Eigenschaft bringt dich auch deinen persönlichen Zielen näher. Allerdings kann der Steinbock ein ziemlicher Besserwisser sein, der mit aller Macht seinen Willen durchsetzen will. Du bist ganz klar ein Workaholic, aber du solltest deine strengen und teilweise unrealistisch hohen Standards niemand anderem auferlegen. Geht es mal nicht nach dir oder werden deine Ansprüche nicht erfüllt, wirst du schnell mürrisch und verschlossen. Aber wenn du ständig nur deine Ziele im Blick hast, läufst du Gefahr, die schönen Momente im Hier und Jetzt zu verpassen.

WASSERMANN

Sonne im Wassermann

20. Januar
-18. Februar

Der Wassermann ist der Revoluzzer unter den Tierkreiszeichen. Er will Probleme nicht nur lösen, er will das ganze System verändern. Er ist ein innovativer und progressiver Teamplayer, der immer das Wohl der Allgemeinheit im Sinn hat. Als fixes Luftzeichen hast du gerne den Überblick. Deine Stärke liegt in deinem intuitiven Verständnis dafür, was das Beste für alle ist. Mit diesem Wissen überdenkst du toxische Systeme, die längst ausgedient haben. Klare Worte sind dir wichtiger als Gefühle. Du willst Probleme nicht nur ansprechen, du willst sie verdammt nochmal fixen. Rationalität und Logik sind dir extrem wichtig. Das soll nicht heißen, dass du ein gefühlloser Eisklotz bist, aber du zeigst Begeisterung lieber erst, wenn du alle Fakten kennst.

Wassermänner sind ein bisschen crazy. Du magst es unkonventionell und bist überzeugt: Nur weil man etwas „schon immer so gemacht hat", heißt das noch lange nicht, dass es die beste Lösung ist. Das Gute ist, du findest meistens einen neuen, besseren Weg. Überflüssiges ohne sinnvollen Nutzen treibt dich genauso in den Wahnsinn wie Ungerechtigkeit und Machtmissbrauch. Mit Uranus als Herrscher bist du vorne mit dabei, wenn es um bahnbrechende, revolutionäre Ideen geht.

Anderen gegenüber bist du super tolerant. Du verurteilst niemanden für seine Meinung und hörst dir in Ruhe alle Argumente an. Eine so offene Einstellung ist ziemlich selten, weshalb dich andere auf Anhieb mögen. Du kannst auch mit jemandem befreundet sein, dessen Weltanschauung du überhaupt nicht teilst, weil du deine persönlichen Werte kennst. Außerdem Hand aufs Herz, du bist ganz schön exzentrisch und interessierst dich quer durch die Bank für alles und jeden. Ungewöhnliche oder strange Ideen können dich nicht verunsichern. Du bist unheimlich intelligent und manchmal lässt dich diese kühle, rationale Art distanziert und unnahbar erscheinen. Mach dir bewusst, dass du mehr beizutragen hast als Logik und harte Fakten. Dein Herz ist genauso wichtig wie dein Verstand.

FISCHE

Sonne in den Fischen

19. Februar
-20. März

Die Fische sind das letzte Tierkreiszeichen des astrologischen Kalenders. Sie sind alte Seelen mit einem fast schon übersinnlichen Einfühlungsvermögen. Manchmal kommt es dir so vor, als könntest du das gesamte Spektrum des menschlichen Daseins einfach instinktiv verstehen. Du fühlst, was andere fühlen, und spürst Energien und Schwingungen, egal wo du bist. Unterbewusst passt du dich den Gegebenheiten in deinem Umfeld an. Leider bedeutet das auch, dass du dich von fremden Gefühlen mitreißen lässt und emotional oft ausgelaugt bist. Du brauchst viel Zeit für dich, um deine Akkus aufzuladen. Fische sind total verträumt und verlieren sich gerne in ihrem Kopfkino, hauptsächlich aus Selbstschutz. Du willst deine wundervolle, zarte Seele vor der harten und manchmal grausamen Realität schützen. Aber vergiss nicht, dich von Zeit zu Zeit auf den Boden der Tatsachen zurückzuholen!

Dein Symbol sind zwei Fische, die in entgegengesetzte Richtungen schwimmen. Dieses hin- und hergerissen sein zwischen Fantasie und Wirklichkeit kennst du wahrscheinlich nur zu gut! Du willst alles verstehen und ausprobieren. Glücklicherweise hast du für so ziemlich alles ein Talent. Trotzdem wäre es für Fische optimal, sich auf einen Weg zu beschränken. Nimm dir etwas vor und bleib dabei. Ansonsten schwimmst du ziellos von einer Sache zur nächsten und kommst nirgendwo wirklich an.

Als bewegliches Wasserzeichen bist du super flexibel und passt dich optimal an jede Situation an. So rücksichtsvoll und sensibel wie du bist, kommst du total charmant rüber, wenn du es drauf anlegst. Wahrscheinlich fühlst du dich auch auf Partys mega wohl. Du kommst super schnell mit anderen ins Gespräch und tust alles, um deinen Mitmenschen zu helfen. Bekommst du mit, dass andere leiden oder ungerecht behandelt werden, brennt sich dieser Schmerz für immer dein Herz. Wenn es dir zu viel wird, tauchst du eine Zeitlang unter. Ob mit Games, Büchern oder Fantasiereisen ins Unterbewusstsein, manchmal musst du dich einfach zurückziehen, um einen klaren Kopf bekommen. Fische sollten unbedingt Grenzen setzen und ihre eigenen Bedürfnisse nicht vernachlässigen!

Mondzeichen

Ah, der Mond. Wunderschön erleuchtet er unseren Nachthimmel und ändert dabei ständig seine Gestalt. Seit jeher wird der Mond mit Unterbewusstsein, Intuition und versteckten Kräften assoziiert. Der Mondzyklus hat einen gewaltigen Einfluss auf unser Leben – angefangen bei den Gezeiten bis zu den wiederkehrenden Mondphasen und Jahreszeiten. Spielen die Gefühle verrückt oder kann man nicht schlafen, wird nicht umsonst gefragt, ob heute Vollmond ist. Früher wurde dem Mond sogar nachgesagt, Menschen in den Wahnsinn zu treiben: Das englische Wort *lunatic* kommt von Latein *lunaticus,* was jemanden beschreibt, der sich seltsam oder ungewöhnlich verhält – der Wortstamm *luna* bedeutet wiederum Mond. Die Herkunft dieser Wörter zeigt, welche Bedeutung dem Mond beigemessen wird. Seit Jahrhunderten steht er für unsere Gefühlswelt, Selbstreflexion und unsere geistige Verfassung.

Vor diesem Hintergrund ist es also nicht überraschend, dass der Mond in der Astrologie für unser inneres Selbst und unsere tiefsten Emotionen und Bedürfnisse steht. So wie der Mond sich jede Nacht verändert, sind auch unsere Gefühle und Wünsche im ständigen Wandel. Der Mond ist von Natur aus intimer, vertrauter und verletzlicher als die Sonne. Überleg mal: Ein Gespräch bei heiterem Sonnenschein oder sich nachts bei Mondschein flüsternd das Herz auszuschütten – das sind zwei völlig unterschiedliche Dinge, oder?

Dein Mondzeichen reflektiert die Energie deines Sonnenzeichens über den Spiegel deiner Emotionen. Dieser Spiegel ist total individuell, deshalb können zwei Menschen mit dem gleichen Sonnenzeichen auch völlig anders sein. Wir alle sehen die Welt durch unsere eigene emotionale Brille, bestehend aus unseren Erfahrungen, Werten und Ängsten. Deshalb haben beispielsweise zwei Skorpione zwar vielleicht ein ähnliches Selbstbild, aber haben einen komplett anderen Zugang zu ihrer Gefühlswelt und unterschiedliche emotionale Bedürfnisse. Dein Mondzeichen hat einen großen Einfluss darauf, was du brauchst, um dich sicher und geborgen zu fühlen, und wer du tief im Inneren eigentlich bist. Etwas dramatisch ausgedrückt: Dein Mondzeichen ist das wahre Spiegelbild deiner Seele.

Mond im Widder

Mit dem Mond im Widder willst du vor allem eins: Machen, machen, machen. Als treibende Kraft setzt du die Dinge gerne in Bewegung. Einfach abwarten und Tee trinken? Nicht mit dir! Es scheint dir körperlich unmöglich zu sein, einfach nichts zu tun. Am wohlsten fühlst du dich, wenn du ein neues Projekt am Start hast oder die Lösung für eine Challenge finden musst. Wenn du etwas willst, bist du Feuer und Flamme – das gilt für deinen neuen Crush genauso wie für ein T-Shirt, das du einfach *sofort* haben musst. Aber Vorsicht: Hältst du dein Feuer nicht in Schach, verglüht deine Leidenschaft genauso schnell, wie sie aufgeflammt ist.

Langfristig denken? Never ever, dafür ist das Leben doch viel zu kurz! Als Widdermond bist du wahrscheinlich ziemlich direkt und stürzt dich kopfüber ins Leben. Dabei fackelst du nicht lange und handelst nach Lust und Laune. Die Meinung anderer ist dir völlig egal und du gehst selbstbewusst deinen Weg. Für Manipulation und Psychospielchen hast du keinen Nerv. Wenn du etwas willst, sagst du es einfach – und ganz ehrlich, meistens bekommst du es auch!

Im Normalfall strotzt du nur so vor Selbstsicherheit, auch wenn du es vielleicht selbst nicht merkst. Diese Leidenschaft zieht andere magisch an. Deine Gefühle sind ein ständiges Auf und Ab, in das deine Mitmenschen wohl oder übel hineingezogen werden. Aber eins ist sicher: Mit dir wird das Leben nie langweilig!

Mond im Stier

Bist du im Mondzeichen Stier, willst du dein Leben mit schönen Dingen füllen. Du weißt, was du willst, und du arbeitest hart, um es zu erreichen. Alle Stiere brauchen Sicherheit. Ein stabiles, harmonisches Umfeld ist dir extrem wichtig. Du hast kein Problem damit, Verantwortung für dich und dein Leben zu übernehmen, vor allem, wenn du älter wirst.

Mit dem Mond im Stier legst du großen Wert auf Ruhe und Sicherheit. In deinem sozialen Umfeld giltst du vermutlich als äußerst taktvoll und einfühlsam. Auf dich kann man sich einfach verlassen und deine Mitmenschen schätzen diese natürliche Beständigkeit. Und wie viel Spaß man erst mit dir haben kann! Ob man dich zum Kaffeetrinken trifft oder zum Vier-Gänge-Menü verabredet ist, du machst alles zu einem wundervollen Erlebnis. Du bist einfach ein echter Genussmensch – chaotischen Situationen und schlechten Vibes gehst du deshalb auch lieber aus dem Weg.

Als eines der sinnlichsten Mondzeichen bist du hoffnungslos romantisch. Dein Mindset ist auf Stabilität gepolt und du willst dir immer etwas aufbauen: Sei es das Leben deiner Träume, ein gut gefülltes Konto oder das Fundament einer stabilen Beziehung. Hat sich ein Stiermond einmal festgelegt, kannst du darauf wetten, dass er dabeibleibt. In Beziehungen hast du gedanklich immer etwas Dauerhaftes im Sinn. Dabei legst du ein bewundernswertes Durchhaltevermögen an den Tag, aber pass auf, dass es nicht zu sehr ausufert. Mit dem Mond im Stier neigst du dazu, aus reiner Gewohnheit in toxischen Beziehungen zu bleiben. Achte auch auf deine Bedürfnisse!

Mond im Zwilling

Kommunikation und Wissen sind die Schlagworte des Zwillings. Mit diesem Mondzeichen bist du witzig, intelligent und kommunikativ. Ideen, Meinungen, Fakten, unnützes Wissen … dir rasen immer irgendwelche Gedanken durch den Kopf, die du liebend gern mit der Welt teilst. Lebhaft und enthusiastisch wie du bist, hast du wahrscheinlich unglaublich viele Hobbys und Interessen. Für Zwillingsmonde ist es nicht ungewöhnlich, sich innerlich zerrissen zu fühlen: Zwischen deinem introvertierten Ich, das ständig Neues lernt und reflektiert, und deinem extrovertierten Ich, das all diese Informationen mit anderen teilen möchte.

Mit dem Mond im Zwilling bist du total kontaktfreudig und willst dich mit anderen connecten. Du bist wahnsinnig wortgewandt und liebst es einfach, mit allen möglichen Leuten zu quatschen. Am wohlsten fühlst du dich, wenn du mit Freund:innen über Gott und die Welt reden kannst. Außerdem bist du offen für andere Ideen und super tolerant. Diese Anpassungsfähigkeit ist übrigens eine deiner besten Eigenschaften! Und dank deines scharfen Verstands kommst du einfach mit jedem ins Gespräch.

Du planst dein Leben nie zu weit im Voraus, falls sich doch noch neue Möglichkeiten auftun. Als Zwillingsmond denkst du eher wissenschaftlich und gehst Probleme logisch und systematisch an. Du bist richtig gut darin, alles bis ins kleinste Detail zu analysieren … inklusive deiner eigenen Gefühle. Natürlich *hast* du Gefühle, so wie jeder andere Mensch auch, aber du drückst sie ein wenig anders aus, als andere es vielleicht erwarten. Geistige Stimulation ist dir einfach tausendmal lieber als komplizierte Emotionen!

Mond im Krebs

Hat dir schon mal jemand gesagt, dass du mega emotional bist? Mit dem Mond im Krebs ist die Wahrscheinlichkeit ziemlich hoch. Als Krebsmond richtest du deinen Blick gerne nach innen. Du hast eine blühende Fantasie und eine unglaublich tiefgehende Gefühlswelt. Familie, Freund:innen, Liebschaften, Feindschaften … emotionale Connections sind das Fundament, auf das du dein Leben baust. Mit dem Mond im Krebs willst du langfristige Beziehungen aufbauen – auf Oberflächlichkeit hast du absolut keinen Bock.

Deine Einfühlsamkeit ist deine Superpower. Du gibst täglich dein Bestes, um deinen Liebsten zu helfen und sie glücklich zu machen. Das ist eine ganz wundervolle Eigenschaft, aber leider neigst du dazu, die Bedürfnisse anderer vor deine eigenen zu stellen. Vergiss nicht: Dein Wohlbefinden ist genauso wichtig! Weil du so viel für andere tust, hast du manchmal das Gefül, dass du ausgenutzt wirst oder deine Hilfe als selbstverständlich angesehen wird. Da du kein Fan von Konfrontation bist und lieber versteckte Hinweise droppst, bekommen andere das auch nicht sofort mit. Ist der Krebsmond nicht mit sich im Einklang, zieht er sich eher zurück oder wird passiv-aggressiv. Deshalb ist es total wichtig, dass du lernst, dich emotional abzugrenzen, bevor du an diesen Punkt kommst. Manchmal sind Konflikte einfach unvermeidbar!

Als feinfühlige, empathische und sensible Wesen schwelgen Krebsmonde gerne in Erinnerungen. Nostalgie gehört für dich zum Daily Business. Du driftest gedanklich oft in die Vergangenheit ab und fühlst alles so, als wäre es erst gestern passiert. Das ist toll, wenn du an etwas Positives zurückdenkst … aber nicht besonders prickelnd, wenn dadurch alte Wunden wieder aufreißen. Wer dich einmal verletzt hat, wird es schließlich vielleicht wieder tun, nicht wahr? Dein Vertrauen muss man sich erst hart erarbeiten. Hast du dich erst einmal geöffnet, klammerst du dich an dieser vertrauen Sicherheit fest. Veränderungen sind nicht so dein Ding und du findest Halt in deinem gewohnten Umfeld und deinen Routinen.

Mond im Löwen

Enthusiastisch, mutig und verwegen: Menschen mit Mondzeichen Löwe haben einfach das gewisse Etwas. Du *musst* nicht unbedingt im Mittelpunkt stehen, aber wenn du dich wohlfühlst, umgeben von deiner Familie und anderen Lieblingsmenschen, sonnst du dich trotzdem gerne im Rampenlicht. Du hast ein tiefes Bedürfnis danach, dich auszudrücken und damit deine unbändige Kreativität rauszulassen. Je nachdem, wie dein restliches Birth Chart aussieht, äußert sich das auf unterschiedlichste Arten und Weisen, vom Kleidungsstil bis zur Berufswahl. Aber ganz egal, wie der Löwemond sein Innerstes nach außen trägt: Er blüht auf, wenn er dafür Lob und Anerkennung bekommt. Du scheust keine Mühen, um das zu bekommen, was du willst. Und dafür hast du dir schon ein wenig Applaus verdient, oder?

Fühlst du dich vernachlässigt oder wirst du ignoriert, gibt es zwei mögliche Reaktionen: dramatischer Gefühlsausbruch oder beleidigtes Schmollen. Da du dir als Löwe immer darüber bewusst bist, wie du wahrgenommen wirst, vermeidest du öffentliche Aussetzer. Unterwegs ist also eher Anschweigen angesagt, während du dir das echte Drama für die eigenen vier Wände aufsparst. Dein Feuer lodert schnell auf, aber zum Glück verglüht es genauso schnell wieder. Diese intensiven Gefühle zeigst du allerdings auch in die andere Richtung: Fühlst du dich sicher und geliebt, überschüttest du deine Mitmenschen mit Zuneigung und Komplimenten. Du hast so viel Liebe zu geben und es ist dir wichtig, dass sie auch erwidert wird.

Du brauchst viel Liebe und Aufmerksamkeit, um dich sicher zu fühlen. Und das ist vollkommen okay! Du bist von Natur aus so sympathisch, dass dir die Komplimente nur so zufliegen. Allerdings fällt es dir vielleicht schwer, mit so viel Anerkennung umzugehen. Vermutlich hast du eine ambivalente Beziehung zu Aufmerksamkeit – entweder wirst du süchtig nach Rampenlicht oder du fühlst dich schuldig dafür, im Mittelpunkt zu stehen. Löwemonde können es mit der Selbstinszenierung manchmal übertreiben und verlieren dadurch ihr wahres Ich aus den Augen. Aufgrund ihres natürlichen Talents und ihres Ehrgeizes neigen sie dazu, sich anderen überlegen zu fühlen. Du vertrittst eine starke Meinung, aber du hast auch einen ausgeprägten Gerechtigkeitssinn. Für Ignoranz und Lügen hast du null Verständnis und deine Liebsten können immer auf dich zählen.

Mond in der Jungfrau

Der Jungfraumond überlässt nichts dem Zufall. Am wohlsten fühlst du dich, wenn du dafür sorgen kannst, dass einfach alles glatt läuft. Einkäufe erledigen? Aufräumen? Die perfekte Tasse Kaffee machen? Jeder noch so kleine Punkt, den du von deiner To-do-Liste streichst, erfüllt dich mit purer Freude. Du brauchst Rituale und Strukturen und bei dir hat alles im Leben seinen Platz. Unordnung und Chaos? Nein, danke! Ein Jungfraumond bleibt auch bei unerwarteten Problemen cool und schafft Ordnung im Chaos. Ist er allerdings nicht mit sich im Reinen, kann er angesichts von Unordnung auch ziemlich aufbrausend und aggressiv werden.

Instinktiv weißt du einfach, an welchen Schrauben du drehen musst, damit alles rund läuft. Wenn andere scheinbar unüberwindliche Schwierigkeiten haben, kommen sie zu dir, denn deine wohlüberlegten Ratschläge sind einfach Gold wert. Du willst alle Einzelheiten des Problems verstehen und überlegst sachlich, welche Lösungen infrage kommen. Außerdem machst du dich total gerne nützlich und es erfüllt dich, anderen zu helfen. Schöner Nebeneffekt: Du vergisst ausnahmsweise mal deine eigenen Sorgen! Du bist kein Fan davon, wenn zu schnell zu viel auf dich einprasselt, da du deine Gedanken in solchen Situationen nicht mehr gut sortieren kannst.

Dieser Hang zur Perfektion in allen Lebenslagen kann den Jungfraumond aber auch extrem unter Druck setzen. Es ist bewundernswert, mit welcher Hingabe du Bestehendes veränderst und verbesserst. Aber du musst aufpassen, dass du diesen Perfektionismus weder dir selbst noch anderen aufzwingst. Menschen machen Fehler, das gehört zum Leben dazu. Sei nicht so streng zu dir! Dein Wunsch nach Makellosigkeit treibt dich an und du profitierst davon, diese Energie auf etwas Produktives zu lenken, zum Beispiel auf deine Talente und Begabungen. Kleine, tägliche Rituale können dir dabei helfen, deine Emotionen zu regulieren, wenn dein innerer Kritiker mal wieder zu laut wird.

Mond in der Waage

Mit der Venus als Herrscherin liebt der Waagemond alles, wofür die römische Göttin der Liebe und Schönheit steht. Dein Ziel ist es, Schönes zu erschaffen und alles in Balance zu halten. Hass, Ungerechtigkeit und Konflikte sind eine große Belastung für deine friedliebende Seele. Du magst es, wenn die Dinge im Gleichgewicht sind, und selbst der kleinste Makel nervt dich so lange, bis du ihn gefixt hast. Du stellst wahnsinnig hohe Ansprüche an dich und andere. Mach dir bewusst, dass jeder Mensch anders ist. Ansonsten wirst du immer einem Standard hinterherlaufen, der unmöglich zu erreichen ist.

Der Wunsch nach Harmonie und Gleichgewicht beeinflusst dein ganzes Leben, von deinen Worten bis zu deinen Beziehungen. Als Waagemond fällt es dir schwer, mit Konflikten umzugehen – vor allem, wenn es um Menschen geht, die du liebst. Konfrontation ist das Gegenteil von Harmonie, und ein gestresster, unausgeglichener Waagemond wird sich komplett verbiegen, um Meinungsverschiedenheiten aus dem Weg zu gehen. Dabei ignoriert er seine eigenen Bedürfnisse und schiebt auch wichtige Entscheidungen auf, wenn es nötig ist. Aber je reifer du wirst, desto mehr wirst du erkennen, wie wichtig es ist, dich selbst an erste Stelle zu setzen.

Du brauchst Connections wie Luft zum Atmen. Das Leben ist einfach viel schöner, wenn man es mit jemandem teilen kann – ob mit deiner BFF oder in einer Partnerschaft! Andere fühlen sich in deiner Gegenwart gesehen und geliebt. Sicherheit und Stabilität schaffst du über deine emotionalen Verbindungen, die du dank deiner liebenswürdigen Art total easy knüpfst. Der Waagemond ist super flirty – oft auch ganz unbewusst – und gibt seinem Gegenüber das Gefühl, die wichtigste Person im Raum zu sein. Du hast eine natürliche Gabe dafür, die Bedürfnisse und Interessen anderer zu erkennen, was dir auf lange Sicht dabei hilft, dich selbst besser kennenzulernen.

Mond im Skorpion

Mit seinem Hang zu Extremen zuckt der Skorpion auch nicht vor den schwierigen Momenten des Lebens zurück. Der Mond im Skorpion verleiht dir eine unglaubliche emotionale Tiefe. Stille Wasser sind tief, heißt es, und bei dir verbirgt sich ganz schön viel! Mit deiner emotionalen Auffassungsgabe durchschaust du jede Täuschung sofort. Welche Challenges das Leben auch für dich bereit hält, du wächst gerne an Herausforderungen. Je schwieriger, desto besser – so kannst du unter Beweis stellen, wie verdammt stark du bist! Du weißt dir zu helfen und löst Probleme lieber ohne fremde Hilfe. Mit intensiver Hingabe widmest du dich voll und ganz deinen Zielen, bis du sie erreicht hast.

Als Wasserzeichen bist du extrem feinfühlig und merkst sofort, was in anderen vorgeht. Außerdem hast du eine fast schon unheimliche Begabung dafür, intensive Gefühle in anderen hervorzurufen. Du strahlst eine vertrauenswürdige Energie aus, sodass dir selbst Leute, die du gerade erst kennengelernt hast, ihre tiefsten Geheimnisse anvertrauen. Glücklicherweise sind sie bei dir bestens aufgehoben! Deine Intuition ist deine größte Stärke – du weißt immer ganz genau, was deine Mitmenschen antreibt und wie sie in bestimmten Situationen reagieren werden. Es macht sogar manchmal den Eindruck, als hättest du übersinnliche Fähigkeiten.

Doch diese Gabe hat auch ihre Schattenseiten. Skorpionmonde treten lieber den Rückzug an, als sich mit schwierigen Themen auseinanderzusetzen. Am meisten fürchten sie, dass ihr Vertrauen missbraucht wird. Aus Angst verletzt zu werden, schottest du dich zunehmend ab, obwohl du genau weißt, wie ungesund dieses Verhalten ist. Allein der Gedanke daran, möglicherweise enttäuscht zu werden, verleitet dich zu zwanghaftem Verhalten. Du weißt genau, dass das Leben nicht nur Sonnenschein bereithält, und willst dich erst vorsichtig herantasten, bevor du dich einer Sache voll hingibst. Ist der Skorpionmond nicht mit sich im Reinen, sucht er willkürlich nach Möglichkeiten, um seine Liebsten zu „testen“. Wenn du deine Power zum Positiven nutzt, kannst du allerdings unglaublich tiefe zwischenmenschliche Verbindungen knüpfen.

Mond im Schützen

Als Schützemond bist du ständig auf der Suche nach dem nächsten Abenteuer! Du willst unabhängig und frei sein – fühlst du dich eingeengt oder im Hamsterrad gefangen, ist das für dich die Hölle. Der Schützemond ist ständig auf Achse und will immer etwas erleben. Du liebst es, dir neues Wissen anzueignen, am besten durch neue, spannende Erfahrungen. Als unglaublich lebhaftes und wandlungsfähiges Wesen willst du am liebsten alles ausprobieren, was dir in den Sinn kommt. Das gilt für Aktivitäten genauso wie für Ideelles: am wohlsten fühlst du dich, wenn du von anregenden Dingen wie Kunst, Musik und interessanten Gesprächen umgeben bist. Du kannst stundenlang über deine breit gefächerten Interessen quatschen, ohne dich ausgelaugt zu fühlen.

Eine deiner besten Eigenschaften ist dein unerschütterlicher Optimismus. Du glaubst ganz fest daran, dass am Ende immer alles gut wird. Andere werden von deiner fröhlichen Art angezogen wie Motten vom Licht. Mit dir kann man einfach total viel Spaß haben! Solange du dich sicher und geborgen fühlst, prallen Sorgen und Probleme einfach an dir ab. Du weißt, dass du alles packst. Für dich als Schützemond ist es total wichtig, dich mit Menschen zu umgeben, denen du vollkommen vertrauen kannst. Denn weil du immer nur das Gute in anderen siehst, ziehst du auch Leute an, die genau das ausnutzen wollen.

Der Schützemond zählt zu den größten Freigeistern unter den Mondzeichen. Alles im Voraus planen ist nicht so dein Ding. Stattdessen lässt du den Dingen lieber ihren Lauf. Deine Strategie lautet: Alles so nehmen, wie es kommt! Allein beim Gedanken an einen geregelten Tagesablauf läuft es dir eiskalt den Rücken runter. Es gibt einfach so viel zu erleben! Hast du Lust auf einen Tapetenwechsel, suchst du dir Möglichkeiten, etwas Neues zu entdecken, ob es nun ein Spaziergang in der Nachbarschaft ist oder Tiefseetauchen in einem anderen Land. Bei Stress oder Langeweile entfliehst du gerne deinem Alltag – nur so lange, bis du mit neuer Kraft und Optimismus wieder durchstarten kannst.

Mond im Steinbock

Als Steinbockmond bist du der Inbegriff von Zuverlässigkeit und Kompetenz. Dein Ziel: Mega erfolgreich sein! Du fühlst dich am wohlsten, wenn du produktiv sein kannst. Du steckst dir hohe Ziele und arbeitest hart, um sie zu erreichen. „Hart arbeiten" ist noch untertrieben; du zeigst extrem viel Einsatz, wenn es um deinen Erfolg geht, und verschwendest keinen Gedanken daran, dass du dich vielleicht überarbeiten könntest. Du machst keine halben Sachen, wenn du dir etwas vornimmst, ziehst du es durch. Handfeste Ergebnisse sind dir wichtig und es tut dir gut zu sehen, dass deine Bemühungen Früchte tragen. Dein Lebensziel ist es, einen wertvollen Beitrag zu leisten und dafür respektiert zu werden.

Steinbockmonde sind stolz auf ihren gesunden Menschenverstand und es treibt sie in den Wahnsinn, wenn andere nicht so vernünftig sind wie sie selbst. Du stehst neuen Dingen erst mal eher vorsichtig gegenüber. Das gilt für Karrierechancen genauso wie für Beziehungen. Um dich vor Enttäuschungen und manipulativen Menschen zu schützen, willst du erst eine tiefere Verbindung aufbauen, bevor du dich öffnest. Und selbst dann hältst du manche deiner tiefsten Gefühle weiter im Verborgenen. Dem Steinbockmond sind seine persönlichen Grenzen unglaublich wichtig. Und das ist auch gut so! Gesunde Grenzen sind absolut notwendig, damit du neben Arbeit und Alltag inneren Frieden findest.

Der Steinbockmond ist durchsetzungsstark und vertraut auf seine Fähigkeiten. Nach außen wirkst du ruhig und diszipliniert, auch wenn du dich vielleicht nicht so fühlst. Gefühlsausbrüche jeder Art findest du nicht so prickelnd und du bist der Meinung, dass man seine Emotionen lieber für sich behalten sollte. Das soll aber nicht heißen, dass du eine gefühllose Maschine bist, ganz im Gegenteil. Du neigst zu Stimmungsschwankungen und düsteren Gedanken, die du niemals mit jemandem teilen würdest. Viele Steinbockmonde verstecken ihre sensible Seite hinter einer kühlen Fassade. Dieses Bedürfnis nach Kontrolle kann dazu führen, dass der Steinbockmond sehr hart mit sich ins Gericht geht. Ein Steinbockmond, der nicht mit sich im Reinen ist, stellt sein Wohlbefinden hinten an, um ja nicht die Kontrolle zu verlieren. Deshalb ist es super wichtig, dass du eine Balance zwischen Ehrgeiz und Selfcare findest. Vielleicht wirkt es einfacher, dich auf deine Verpflichtungen zu konzentrieren. Aber langfristig wird es sich lohnen, viel in deine eigene Zufriedenheit zu investieren.

Mond im Wassermann

Als Wassermannmond stichst du aus der Menge heraus. Dieses Luftzeichen will unabhängig und selbstbestimmt sein. Viele Wassermannmonde merken schon früh, dass sie ein wenig anders sind als die anderen. Und auf diesen unangepassten, einzigartigen Vibe sind sie echt stolz! Wer will schon als langweilig gelten? Diese Einstellung führt dazu, dass du oft die Zuschauerperspektive einnimmst. Das ist manchmal gar nicht so schlecht, vor allem für jemanden, der so intelligent und neugierig ist wie du. Aufmerksam studierst du die menschliche Natur und willst herausfinden, *warum* andere tun, was sie tun. Es fasziniert dich einfach, das Verhalten und Gefühlsleben deiner Mitmenschen zu analysieren.

Man merkt es vielleicht nicht sofort, aber der Mond im Wassermann kann genauso stur sein wie das fixe Sonnenzeichen. Insgeheim nimmst du dir alles sehr zu Herzen und in manchen sozialen Situationen fühlst du dich mega unwohl. Niemand will sich vor anderen lächerlich machen, aber das gilt ganz besonders für dich. Um diese Unsicherheit zu verstecken, setzt du lieber noch einen drauf, wenn dich jemand für dein Verhalten kritisiert. Auf Konfrontation reagierst du kalt und unnachgiebig. Du gehst davon aus, dass andere genauso unabhängig und frei sind wie du, was vor allem die emotionaleren Mondzeichen in den Wahnsinn treiben kann. Glücklicherweise bist du dadurch auch super tolerant und kommst gar nicht auf die Idee, deine Lieblingsmenschen verändern zu wollen. Schließlich würdest du dich auch für nichts und niemanden verbiegen!

Wassermannmonde brauchen Zeit und Raum, um ihre unbändige Neugier zu stillen. Als idealistische, progressive Visionäre schätzen sie große Ideen mehr als große Gefühle. Der Wassermannmond beschäftigt sich mit allen möglichen Themen und findet für fast jedes Problem eine unkonventionelle Lösung. Du willst die Welt zu einem besseren Ort machen und gibst dir große Mühe, immer alle miteinzubeziehen. Allerdings führt diese soziale Ader nicht selten dazu, dass negative Emotionen – wie Wut, Neid und Angst – deiner Meinung nach keine Beachtung verdient haben. Du gehst alles aus einer logischen Perspektive an und Situationen, in denen Gefühle eine Rolle spielen, sind da keine Ausnahme. Leider kommst du dadurch nicht nur ziemlich kalt und distanziert rüber, du verpasst auch einige zutiefst menschliche Erfahrungen. Nimm dir genügend Zeit zur Selbstreflexion, damit du diese Challenge angehen kannst.

Mond in den Fischen

Mit dem Mond in den sanftmütigen Fischen bist du quasi die personifizierte Intuition. Du musst *spüren,* dass etwas das Richtige ist, bevor du dich dafür entscheidest. Dabei verlässt du dich ganz auf den Vibe einer Person oder Situation. Mitgefühl geht für dich über alles. Als letztes Tierkreiszeichen haben die Fische ein bisschen Energie von allen anderen Zeichen abbekommen. Dadurch hast du die Gabe, andere instinktiv zu verstehen. So verständnisvoll und tolerant wie du bist, öffnen sich dir die Menschen auch unaufgefordert super schnell. Du siehst in allem und jedem nur das Gute und findest in den gewöhnlichsten Dingen etwas Magisches. Du verlierst dich lieber in deiner Traumwelt, als in der grausamen, kalten Realität gefangen zu sein.

Du vertraust anderen sehr schnell und warst wahrscheinlich schon als Kind der Meinung, dass die Menschen von Natur aus gut sind. Und vielleicht denkst du das noch immer! Leider wird der Fischemond genau deshalb auch oft ausgenutzt, bis er genügend Lebenserfahrung gesammelt hat. Das Leid anderer kann dich schnell belasten und man muss nur die richtigen Knöpfe drücken, um dein Mitleid zu erhaschen. Du kannst dir einfach nicht vorstellen, dass es auf dieser Welt hinterlistige, egoistische Menschen gibt. Es ist super wichtig, dass du lernst, Grenzen zu setzen und darauf zu achten, dass sie nicht überschritten werden. Schule deine Intuition. Mit der Zeit wirst du leichter erkennen, wer dich manipulieren will und wer wirklich deine Hilfe braucht.

Mit deiner fantasievollen und kreativen Seele kommst du immer wieder auf neue Ideen. Leider vergisst du dabei gern, dass sich große Träume nur mit einem realistischen Ansatz verwirklichen lassen. Es fällt dir schwer, einen Anfang zu finden oder auf unerwartete Schwierigkeiten zu reagieren. Nach außen wirkst du vielleicht gedankenverloren und abwesend, aber gedanklich der Realität zu entfliehen ist einfach deine persönliche Form von Selfcare. Du brauchst genügend Zeit und Raum, damit du dich in deinen Tagträumen verlieren kannst, sonst fühlst du dich angesichts der Herausforderungen des Lebens schnell überlastet. Wenn das passiert, brauchst du eine mentale oder körperliche Auszeit. Manchmal hat es auch gar keinen bestimmten Grund, dass du Me-Time brauchst. Du nutzt sie, um deine Emotionen zu regulieren und dein Selbstvertrauen zu festigen. So schöpfst du neue Kraft und bist gewappnet für die echte Welt da draußen!

Aszendent

Der Aszendent macht deine Großen Drei komplett. Er ist der Grad des Tierkreises, der genau in dem Moment am östlichen Horizont aufging, als du deinen allerersten Atemzug genommen hast. Dieses „aufsteigende“ oder „aufgehende“ Zeichen ändert sich super schnell, ungefähr alle zwei Stunden. Deshalb ist es so wichtig, dass du deine genaue Geburtszeit kennst. Nur ein paar Minuten können den Unterschied machen! Je präziser du hier bei der Berechnung bist, desto besser wird dein Aszendent deine Persönlichkeit widerspiegeln.

Aber was bedeutet der Aszendent eigentlich? Im Grunde genommen ist er der Teil unserer Persönlichkeit, den wir der Welt präsentieren und beschreibt, wie wir auf andere wirken. Hinter dieser Maske verbergen sich die übrigen Positionen deines Birth Charts, die andere erst zu sehen bekommen, wenn sie dich ein bisschen besser kennen. Fun Fact: Vor langer, laaanger Zeit meinte man mit dem Sternzeichen nicht das Sonnenzeichen, sondern den Aszendenten! Denn den sieht man auf den ersten Blick: Kleidungsstil, Auftreten und sogar gesundheitliche Themen werden dem aufgehenden Zeichen zugeordnet. In der traditionellen Astrologie herrscht jeder Aszendent über bestimmte Körperteile. Diesen Aspekt haben wir mehr zum Spaß mit in die Beschreibungen gepackt, weil sie lustigerweise meistens wirklich passen. Aber selbstverständlich musst du unabhängig von deinem Geburtshoroskop auf deine Gesundheit achten! Kümmere dich gut um dich und dein wundervolles Gesamtpaket aus Körper, Geist und Seele.

Hast du dein Birth Chart mit den genauen Geburtsdaten berechnet, solltest du deinen Aszendenten schon herausgefunden haben. Im nächsten Teil erfährst du alles über dieses besondere Zeichen und die Seite deiner Persönlichkeit, die du nach außen zeigst!

Aszendent Widder

Der Widder-Aszendent ist ein echter Kämpfer. Mit diesem Zeichen bist du so was von ready. Wofür, fragst du? Naja … für so ziemlich alles! Widderaszendenten wollen ihr Potenzial voll ausschöpfen. Sie sagen ihre Meinung und haben keine Angst vor Verantwortung. Du machst einfach – und bittest lieber danach um Vergebung als davor um Erlaubnis. Wie sollst du sonst etwas gebacken bekommen? Du stürzt dich kopfüber ins Geschehen und pfeifst auf die Konsequenzen. Um etwaige Schwierigkeiten kümmerst du dich später. Der belastbare Widderaszendent hat einen langen Atem und ihm geht quasi nie die Puste aus.

Du nimmst kein Blatt vor den Mund und andere bewundern dich für deine direkte, furchtlose Art. Als Widderaszendent brauchst du Action – und zwar *sofort!* Denn Geduld ist echt nicht deine Stärke. Bei dir muss alles so schnell wie möglich gehen und selbst bei den kleinsten Gelegenheiten willst du der oder die Erste sein. Auch wenn es nur der Einkauf im Supermarkt ist! Vermutlich bist du schon in jungen Jahren sehr selbstständig und wirkst deshalb nach außen super unabhängig. Aber hab keine Angst, um Hilfe zu bitten, wenn du sie brauchst. Das ist mindestens genauso mutig, wie alles allein durchzustehen.

Deine Leidenschaft sprudelt nur so aus dir heraus. Es ist total wichtig, dass du diese Energie zum Positiven einsetzt. Ohne eine klare Richtung läuft der Widderaszendent Gefahr, bei der kleinsten Kleinigkeit zu explodieren und damit seine Beziehungen oder sich selbst zu schaden. Der Widder steht traditionellerweise für den Kopf. Wir wetten, du hast ein wunderschönes, ausdrucksstarkes Gesicht und ein bezauberndes Lächeln. Allerdings könntest du in diesem Bereich deines Körpers Probleme entwickeln, wie zum Beispiel Kopfschmerzen, Ausschläge oder Probleme mit den Augen. Pass gut auf dich auf, Liebes!

Deine Keywords sind Wettkampf, Instinkt und Ausstrahlung.

Aszendent Stier

Zwangloser Luxus ist genau dein Ding. Hauptsache es fühlt sich gut an! Der Stier lässt sich nicht hetzen. Du wandelst lieber auf ausgetretenen Pfaden und hast nicht viel für Veränderungen übrig. Zuerst musst du jede neue Situation mit allen fünf Sinnen erforschen. Als fixes Zeichen hat der Stier eine unvergleichliche Ausdauer und üblicherweise keinen Bock darauf, seine Komfortzone zu verlassen. Warum auch? Immerhin hast du sie dir dank deines guten Geschmacks ziemlich hübsch eingerichtet. Du brauchst einen sicheren Zufluchtsort, der mit deinen liebsten Annehmlichkeiten gefüllt ist. Zum Glück bist du hartnäckig genug, um dir genau dieses Leben aufzubauen!

Nach außen wirkst du friedfertig, sanft und super gechillt. Andere schätzen das Gefühl von Stabilität, das du ihnen vermittelst. Du blühst auf, wenn du dich sicher und geborgen fühlst, und strahlst das auch nach außen aus. Indem du einen Ort schaffst, an dem du und andere sich wohl fühlen, ergeben sich ganz neue Möglichkeiten, das Leben gemeinsam zu genießen. Und wenn etwas bei dir niemals zu kurz kommt, dann ist es Genuss! Du willst das Leben voll auskosten, aber verfolgst trotzdem entschlossen deine Ziele. Denn nur, wenn du deinen Garten pflegst, kannst du später die Früchte deiner Arbeit ernten!

Dabei hast du immer den Siegerpreis im Blick, der hinter der Ziellinie auf dich wartet. Um ihn zu erreichen, willst du mit dem Kopf durch die Wand. Aber: Das Universum folgt seinem eigenen Plan. Du kannst hier nichts erzwingen, du musst dich darauf einlassen. Glaub an dich und dein Durchhaltevermögen!

Dem Stier werden Hals, Nacken und Schultern zugeordnet. Stieraszendenten haben oft einen grazilen Hals und eine schöne Stimme. Zu den typischen Problemen gehören Halsschmerzen und Verspannungen. Sanfte Stretchübungen für den Nacken tun dir besonders gut!

Deine Keywords sind Sinnlichkeit, Willensstärke und Hartnäckigkeit.

Aszendent Zwilling

Fröhlich und lebendig – deine Energie echt ansteckend! Für dich dreht sich alles um Kommunikation und Connections. Am liebsten würdest du das gesamte Wissen der Menschheit aufsaugen und auf der ganzen Welt verbreiten. Dabei machst du niemals Pause und bist ununterbrochen in Bewegung. Eine deiner vielen positiven Eigenschaften ist deine Fähigkeit, immer alles aus jedem Blickwinkel zu betrachten. Mit Widersprüchlichkeiten hast du kein Problem, denn du weißt genau, dass absolute Gewissheit ein Mythos ist. Du bist nicht nur charismatisch, sondern auch ziemlich clever – und genau deshalb wahnsinnig überzeugend.

Auf andere wirkst du interessant, lebhaft und klug. Du bist schlagfertig und praktisch ständig unterwegs. Du liebst Veränderungen. Der Herrscher des Zwillings ist Merkur, der Planet der Sprache und des Intellekts. Deine Neugier ist ein Fass ohne Boden, und du bist alles in allem ein total faszinierender Mensch. Du willst die Welt einfach verstehen, deshalb bist du auch objektiver als andere Aszendenten, die sich mehr von ihren Emotionen leiten lassen. Große Verantwortung oder übertriebene Emotionalität sind nicht so dein Ding. Du brauchst Freiräume, damit du Neues erleben kannst!

Körperlich steht der Zwilling für die Arme, Beine und Lunge. Und nein, es ist kein Zufall, dass all diese Körperteile jeweils aus zwei Teilen bestehen – wie Zwillinge auch. Menschen mit Aszendent Zwilling drücken sich gerne mit den Händen aus und gestikulieren viel. Allerdings sollten sie sich vor Problemen wie Lungeninfekten und Arthrose in Acht nehmen.

Deine Keywords sind Abwechslung, Information und Neugierde.

Aszendent Krebs

Aufmerksam? Feinfühlig? Fürsorglich? Check, check und nochmal check! Steht dein Aszendent im Krebs, liebst du es, andere zu umsorgen. Du willst emotionale Connections festigen und einen sicheren Hafen für dich und deine Lieblingsmenschen schaffen. Krebs-Aszendenten sind äußerst sensibel und finden Schutz unter ihrer harten Schale. Vorsichtig tasten sie sich an neue Situationen heran und nehmen sich dafür auch ausreichend Zeit. Du bist hilfsbereit und unterstützt andere auch in schwierigen Zeiten, wo du nur kannst. Instinktiv spürst du, welche Bedürfnisse deine Mitmenschen haben und du setzt alles daran, sie zu erfüllen.

Der Krebs-Aszendent ist einfühlsam, fürsorglich und stellt sich schützend vor andere. Man schätzt dich für deine liebevolle, umsorgende Energie. Deine Unterstützung ermutigt deine Mitmenschen, über sich hinauszuwachsen. Du hast eine starke Verbindung zur Vergangenheit und familiäre Wurzeln spielen in deinem Leben eine große Rolle. Da du alles aus deinem sehr persönlichen Blickwinkel betrachtest, fällt es dir manchmal schwer, objektiv zu bleiben. Ändert sich der Vibe um dich herum, sind Stimmungsschwankungen vorprogrammiert.

Der Krebs herrscht über Magen und Brüste, unabhängig vom biologischen Geschlecht. Diese Körperteile stehen für Ernährung und Support, und auch der Krebs will andere nähren – buchstäblich und metaphorisch. Wenn du gestresst oder emotional überfordert bist, neigst du zu Verdauungsproblemen oder Völlerei. Lass los, was du nicht beeinflussen kannst!

Deine Keywords sind Fürsorge, Erinnerungen und Verbundenheit.

Aszendent Löwe

Die ganze Welt ist deine Bühne! Löwe-Aszendenten lieben das Drama und haben ein natürliches Talent für den großen Auftritt. Du weißt genau, wie du auf andere wirkst und du brauchst kreative Ausdrucksmöglichkeiten, damit du dich verwirklichen kannst. Dabei stehst du gerne im Mittelpunkt und sonnst dich im Glanz der Aufmerksamkeit. Löwe-Aszendenten können etwas dominant rüberkommen, wenn es um ihre Herzensprojekte geht, aber sie wollen nur sichergehen, dass alles glatt läuft. Wirst du in deinem Stolz verletzt, holst du auch mal mit deiner Pranke aus, aber du bist nicht nachtragend. Lieber lässt du die Vergangenheit ruhen und lebst im Hier und Jetzt.

Auf andere wirkt der Löwe-Aszendent optimistisch, ausgelassen und selbstbewusst. Du bist stolz auf alles, was du tust. Nach außen kommt das vielleicht arrogant und eingebildet rüber, aber du willst andere einfach beeindrucken! Du bist das Gegenteil von Zurückhaltung und das ist auch gut so. Mit deiner leuchtenden Ausstrahlung übst du eine starke Anziehungskraft auf andere aus. Du gibst dir große Mühe, den Schein in der Öffentlichkeit zu wahren und lässt deine verletzliche Seite nicht nach außen dringen.

Der Löwe herrscht über Herz und Wirbelsäule. Kein Wunder bei so viel Stärke und Leidenschaft! Löwe-Aszendenten haben Rückgrat und lieben Aktivitäten, die den Puls in die Höhe treiben. Dabei sollten sie aber immer auf ihre Grenzen achten und sich nicht übernehmen. Gesundheitliche Risiken sind Erschöpfung, Rückenprobleme und zu hoher oder niedriger Blutdruck.

Deine Keywords sind Auftreten, Spaß und Kreativität.

Aszendent Jungfrau

Jungfrau-Aszendenten streben nach Verbesserung und Perfektion. Damit spielen sie in ihrer ganz eigenen Liga. Kein anderes Tierkreiszeichen achtet so sehr auf alle Details. Diese Eigenschaft machst du dir regelmäßig zunutze, wenn du an einem deiner Herzensprojekte arbeitest. Mit der Kombi aus analytischem Denken und scharfer Beobachtungsgabe checkst du sofort, wenn etwas nicht stimmt. Von ins Stocken geratenen Projekten bis zu aufgewühlten Freund:innen, die deinen Rat suchen: Du weißt genau, was du tun musst, um alles wieder zum Laufen zu bringen. Du willst dein Leben und das deiner Mitmenschen optimieren und sortierst zu diesem Zweck sorgfältig alles aus, was dem im Weg steht. Das kann für andere ziemlich anstrengend sein, aber deine Leute wissen, dass du nur ihr Bestes willst.

Auf andere wirkst du ruhig, kompetent und würdevoll. Nach außen zeigst du dich vielleicht eher locker, was deinen Perfektionismus angeht, und versteckst deine neurotischen Tendenzen. Du brauchst Zeit, bis du vor anderen aufgetaut bist, aber wenn du dein Herz erst mal geöffnet hast, bist du zu hundert Prozent dabei. Wenn jemand aus deinem Umfeld Hilfe braucht, setzt du Himmel und Hölle in Bewegung. Du hast die seltene Gabe, cool zu bleiben, wenn das Chaos ausbricht.

Die Jungfrau steht für das Verdauungssystem und den Darm. Das klingt vielleicht nicht besonders glamourös, aber diese lebenswichtigen Organe leisten unglaublich viel Arbeit, damit der restliche Körper überhaupt funktionieren kann. Erinnert dich das an jemanden? Jungfrau-Aszendenten sollten ihrer Verdauung besonders viel Aufmerksamkeit schenken. Sorgen und übermäßiges Kopfzerbrechen können dieses empfindliche System ordentlich durcheinanderbringen.

Deine Keywords sind Genauigkeit, Hingabe und Zuverlässigkeit.

Aszendent Waage

Mit deiner sympathischen Art wickelst du jeden sofort um den Finger! Waage-Aszendenten legen viel Wert auf Balance und Gerechtigkeit – deshalb sind sie auch total harmoniebedürftig. Du beobachtest deine Mitmenschen aufmerksam, und sobald du dicke Luft witterst, bist du sofort zur Stelle, um das Gleichgewicht wiederherzustellen. Mit deinem charmanten Auftreten bist du der perfekte Gastgeber. Deinen guten Geschmack beweist du nicht nur auf deinen legendären Partys, sondern auch mit deinem stilvoll eingerichteten Zuhause. Du blühst auf, wenn du alle Einzelteile passend zusammenfügst und die disharmonischen Klänge des Lebens plötzlich eine harmonische Melodie ergeben.

Auf andere wirkst du freundlich, zuvorkommend und liebenswert. Du willst alles im Leben schön und ausgewogen halten. Waage-Aszendenten ertragen es nicht, wenn jemand gemobbt oder ausgeschlossen wird. Sie sind die Friedensstifter des Tierkreises und legen großen Wert auf Kooperation und Kompromisse. Mühelos entschärfst du jeden Streit und bringst alle dazu, auf ein gemeinsames Ziel zuzusteuern. Du weißt genau, wohin du ein Gespräch lenken musst, um zu bekommen, was du willst – ohne, dass dein Gegenüber es überhaupt bemerkt.

Die Waage herrscht über Haut, Nieren und das Gesäß. All diese Körperteile sind dafür verantwortlich, den Körper innerlich und äußerlich im Gleichgewicht zu halten. Waage-Aszendenten sind sehr attraktiv und haben eine strahlende, aber empfindliche Haut. Gerät dein Hormonhaushalt durch Stress oder ungesunde Ernährung aus dem Gleichgewicht, könnte sich das in Hautproblemen oder Schmerzen im unteren Rücken äußern. Achte darauf, deine körperlichen Bedürfnisse nicht zu vernachlässigen, während du dich um andere kümmerst.

Deine Keywords sind Charme, Beziehungen und Balance.

Aszendent Skorpion

Wow, was für eine Intensität! Mit deiner unvergleichlichen Entschlossenheit und deiner eindrucksvollen emotionalen Tiefe ziehst du andere völlig in deinen Bann. Selbst wenn du kein Wort sagst: Liegt dein Aszendent im Skorpion, erfüllt deine Präsenz jeden Raum. Deshalb gehen die Meinungen über Skorpion-Aszendenten ziemlich weit auseinander. Aber ob sie nun geliebt oder gehasst werden: Ignorieren kann man sie auf keinen Fall. Mit diesem Wasserzeichen als Aszendent hast du die seltene Gabe, alles und jeden zu durchschauen, und der Wahrheit auf den Grund zu gehen.

Auf andere wirkst du einflussreich, unnahbar und verführerisch. Dich umgibt eine Aura der Macht, die andere magisch anzieht. Deine größte Stärke ist deine Flexibilität und du weißt, wie viel Potenzial Veränderungen in sich tragen, auch wenn sie manchmal wehtun. Auf seiner immerwährenden Suche nach der Wahrheit hat der Skorpion-Aszendent keine Angst vor der Dunkelheit und stellt sich auch den unangenehmen Tatsachen. Wie gut, dass du so unbeirrt deine Ziele verfolgst, ganz egal, welche Schwierigkeiten dir begegnen! Aber Vorsicht: Selbstsabotage gibt dir vielleicht ein Gefühl von Kontrolle, aber in Wahrheit unterdrückst du damit nur deine Fähigkeiten und natürlichen Begabungen.

Der Skorpion ist für die Geschlechtsorgane zuständig – klingt ziemlich klischeehaft, ist aber so. Du musst es so sehen: Sex ist letztendlich der ultimative Akt der Verwandlung. Skorpione sind richtig gut darin, aus der Dunkelheit etwas Magisches zu kreieren. Achte auf gesundheitliche Probleme in diesem Bereich sowie auf Hormonschwankungen.

Deine Keywords sind Macht, Rätselhaftigkeit und Belastbarkeit.

Aszendent Schütze

Als Schütze-Aszendent bist du so ziemlich immer und überall unterwegs. Mit deiner typischen Begeisterungsfähigkeit und deinem unverbesserlichen Optimismus suchst du immer nach Möglichkeiten, wie du deinen Horizont erweitern kannst. Dein Symbol ist der Zentaur, der seinen Pfeil in die ungewisse Zukunft schießt. Schütze-Aszendenten sind echte Entdecker. Lebenslanges Lernen ist dein Ziel und du willst dein Wissen auch gern mit anderen teilen. Manchmal bist du allerdings zu offen, was deine Meinung angeht und teilst sie ungefragt. Dabei willst du gar nicht besserwisserisch sein, im Gegenteil: Wissen macht die Welt zu einem besseren Ort, davon bist du überzeugt. Schütze-Aszendenten lieben das Leben und wollen sich oft auch spirituell immer weiterentwickeln.

Auf andere wirkst du enthusiastisch, rastlos und hoffnungsvoll. Schütze-Aszendenten blicken voller Zuversicht in die Zukunft. Du hast keine Angst vor dem Sprung ins Ungewisse. Als unverbesserlicher Optimist läufst du geradewegs auf die Klippe zu. Kein Problem, schließlich hast du Glücksplanet Jupiter auf deiner Seite! Mit deiner unstillbaren Abenteuerlust kannst du es absolut nicht leiden, wenn man dich in deiner Freiheit beschränken will. Und wow, bist du vielleicht witzig! Schütze-Aszendenten bewahren sich auch an den dunkelsten Tagen ihren großartigen Sinn für Humor. Mit Enttäuschungen und Niederlagen hältst du dich nicht lange auf – denn du hast hundertprozentiges Vertrauen ins Universum.

Der Schütze steht für Beine und Hüften. Als galoppierender Bogenschütze muss er sich schließlich viel bewegen und auf das nächste Abenteuer zusteuern! Mit regelmäßiger Bewegung und Stretching beugst du Problemen in diesen Bereichen vor. Erweitere deinen Entdeckungsdrang also um ein schweißtreibendes Workout oder eine neue Sportart!

Deine Keywords sind Freiheit, Energie und Abenteuer.

Aszendent Steinbock

Steinbock-Aszendenten versprühen harte Boss Babe Vibes. Was du anfasst, ist von Erfolg gekrönt. Wie du das schaffst? Ganz einfach: Mit einer Kombi aus Zielstrebigkeit, messerscharfem Verstand und unbändiger Motivation! Du weißt genau, was du willst. Sobald du dein Ziel ins Auge gefasst hast, überlegst du schon, auf welchem Weg du es möglichst effizient erreichen kannst. Die Aussicht auf harte Arbeit stört dich überhaupt nicht – wenn überhaupt motiviert sie dich noch mehr. Manchmal übertreibst du es aber auch und nimmst dir keine Pause, obwohl du sie bitter nötig hättest. Steinbock-Aszendenten neigen dazu, sich extrem strenge Regeln aufzuerlegen. Gönn dir ruhig mal eine Auszeit und genieß das Leben!

Auf andere wirkst du erwachsen, kompetent und pragmatisch. Steinbock-Aszendenten planen gerne im Voraus. Sie sind stolz auf ihr Verantwortungsbewusstsein und gehen voller Selbstsicherheit durchs Leben. Steinbock-Aszendenten wissen es zu schätzen, dass sie mit jeder Lektion auch ein gutes Stück Lebenserfahrung gewinnen. Dieses Wissen weißt du auch für dich zu nutzen und bist damit eine tolle Lehrkraft und der geborene Teamleader. Als mega Organisationstalent arbeitest du super effizient und bringst zusammen mit deinem Team jedes noch so aufwändige Projekt erfolgreich zum Abschluss. Dabei kannst du auch auf deinen trockenen Humor zählen, mit dem du immer für gute Stimmung sorgst.

Der Steinbock steht für Knochen, Knie, Zähne und Gelenke. Kein Wunder bei diesem Fokus auf Strukturen! Ein großer Pluspunkt: Steinbock-Aszendenten haben eine tolle Körperhaltung. Aber sie neigen auch zu steifen Gelenken, Arthrose und orthopädischen Problemen. Achte auf eine ausreichende Vitaminzufuhr!

Deine Keywords sind Beständigkeit, Sorgfalt und Zielstrebigkeit.

Aszendent Wassermann

Unabhängigkeit steht dir gut! Pfeif auf Traditionen und Mainstream; du schaust über den Tellerrand hinaus und gehst deinen ganz eigenen Weg. Wassermann-Aszendenten haben oft ihr ganzes Leben lang das Gefühl, irgendwie anders als die anderen zu sein. Mit deiner aufmerksamen Beobachtungsgabe genießt du aber die Aussicht aus dem Abseits. Du hast einen ganz besonderen Blick auf die Dinge, weil du in die Achterbahn der Gefühle, die manchen die Sicht vernebelt, gar nicht erst einsteigst. Sobald du verstanden hast, wie etwas funktioniert, willst du einen Weg finden, um es besser zu machen. Du bist super hilfsbereit und interessierst dich mehr dafür, was das Beste für die Allgemeinheit ist, als für individuelle Probleme. Wassermann-Aszendenten haben keinen Nerv für manipulative und intolerante Menschen – und geben das auch ganz offen zu.

Auf andere wirkst du einzigartig, clever und freundlich. Man schätzt dich für deine faszinierende Persönlichkeit und deine Offenheit gegenüber anderen Ansichten und Ideen. Wassermann-Aszendenten haben einen großen Bekanntenkreis, aber nur wenige sehr gute Freund:innen. Sie sind innovativ, unglaublich intelligent und extrem entschlossen, was für Luftzeichen eher untypisch ist. Diese Kombination lässt dich manchmal kühl und berechnend rüberkommen. Mit der Zeit finden die meisten Wassermann-Aszendenten aber eine gute Balance zwischen Logik und Gefühlen.

Der Wassermann steht für den Blutkreislauf sowie Waden und Schienbeine. So wie das Blut durch unsere Körper fließt und uns am Leben hält, bringt der Wassermann-Aszendent neue Ideen in den Umlauf. Achte auf Probleme in diesen Bereichen. Deine Gesundheit geht immer vor!

Deine Keywords sind Intelligenz, Einzigartigkeit und Perspektiven.

Aszendent Fische

Kannst du hellsehen? Nach außen wirkst du vielleicht gedankenverloren, aber in Wahrheit checkst du immer sofort, was in anderen vorgeht. Fische-Aszendenten durchschauen alles und jeden und legen sich super leicht eine neue Persönlichkeit zu: Heute bist du vielleicht ruhig und schüchtern, am nächsten Tag kannst du gar nicht aufhören zu quatschen. Du lässt dich nicht festnageln und gehst sowohl der harten Realität als auch schweren Entscheidungen aus dem Weg. Dank deiner blühenden Fantasie kannst du dich in deine Traumwelt zurückziehen, wenn es nötig ist. Pläne und Organisation? Sind nicht wirklich dein Ding. Als Wasserzeichen vertraust du lieber auf dein Gefühl und schwimmst dort hin, wohin dich das Leben treibt.

Auf andere wirkst du herzensgut, einfühlsam und sympathisch. Dank deiner empathischen, feinfühligen Art öffnen sich dir selbst distanzierte Menschen super easy. Auf der Suche nach heilsamen Worten kommen andere zu dir, wenn sie am Boden sind. Pass aber auf, dass du anderen deine Hilfe nicht aufzwingst oder dass du dir emotional zu viel zumutest. Wir wissen, du erträgst es schwer, wenn andere leiden, aber gerade als Fische-Aszendent musst du einen gesunden Weg finden, dich emotional abzugrenzen. Bevor du dich um andere kümmern kannst, musst du dich um dich selbst kümmern!

Die Fische herrschen über Füße, Zehen und das Hormonsystem. Als letztes Zeichen sind die Fische eine bunte Mischung aus allen anderen Tierkreiszeichen. Und jetzt kommt's: Die Füße sind über die Reflexzonen mit dem gesamten Körper verbunden. Viele Fische-Aszendenten können wahnsinnig gut tanzen! Aber aufgepasst, sie neigen zu Beschwerden an den Füßen und zu Hormonschwankungen.

Deine Keywords sind Intuition, Verständnis und Mitgefühl.

Kapitel 2

Astrologie in der Praxis

Du hast dein Geburtshoroskop parat und kennst die Bedeutung deiner persönlichen Planeten? Perfekt, dann geht es nun endlich an die praktische Umsetzung! Im ersten Kapitel hast du eine Einführung in die Astrologie bekommen und die Grundlagen gelernt. Du hast also die besten Voraussetzungen, um weiter in die kosmische Welt der Sternbilder und Horoskope einzutauchen und dein Wissen direkt anzuwenden.

Astrologie hat ihre eigene Sprache und damit du sie bald fließend sprichst, gehen wir dieses Kapitel ganz praktisch an. Welche Rolle spielen Sternzeichen im Alltag? Welche kleinen Eigenheiten haben sie? Was ist nur ein Vorurteil und wo hat es seinen Ursprung? Wie immer, wenn man eine neue Sprache lernt, solltest du dich möglichst häufig damit auseinandersetzen. Finde heraus, warum du „sooo typisch Fische" bist oder was deine BFF mit Sternzeichen Schütze so richtig auf die Palme bringt. Bald wirst du mit deinem Wissen glänzen und bei jeder Gelegenheit mit knallharten Astro-Facts um dich werfen.

Am besten hast du Screenshots deines Geburtshoroskops griffbereit, während du die nächsten Kapitel liest. Vielleicht hast du sogar welche von Freund:innen und Familie? Umso besser! Vor allem, wenn du noch neu in der Welt der Astrologie bist, ist das eine tolle Hilfestellung.

Am Ende jedes Abschnitts findest du den Hinweis, welche Zeichen du checken sollst. Vielleicht fragst du dich, warum manchmal nur Sonnenzeichen und Aszendent wichtig sind und das Mondzeichen völlig egal ist. Manches ist einfach eher als Überblick gedacht und das Thema geht nicht näher auf die emotionale Seite ein: Dann sind Sonnenzeichen und manchmal auch der Aszendent wichtig. Dein Sonnenzeichen solltest du dir aber immer näher ansehen, denn es ist nun mal der Kern deiner Identität.

Sobald Gefühle im Spiel sind, dreht sich alles um dein Mondzeichen. Wie du weißt, steht der Mond für deine emotionale Seite. Also check dein Mondzeichen, wenn es um deine Gefühlswelt geht.

Dein Aszendent ist die Seite deiner Persönlichkeit, die du nach außen zeigst. Sieh dir das entsprechende Tierkreiszeichen näher an, wenn es um dein Sozialleben geht. Der erste Eindruck, deine Skills, dein Äußeres: Check deinen Aszendenten.

Natürlich kannst du dir auch immer deine Großen Drei ansehen! Wie wir den Mix aus Sonnenzeichen, Mondzeichen und Aszendent zum Ausdruck bringen, ist immer ganz individuell. Mach einfach, was sich richtig anfühlt.

Stärken und Schwächen

Jedes Tierkreiszeichen hat seine Stärken und Schwächen. Wahrscheinlich findest du dich in positiven und negativen Merkmalen wieder. Und das ist total okay! Niemand ist perfekt und wir alle haben gute und weniger gute Tage.

Check dein Sonnenzeichen und dein Mondzeichen.

Widder

Stärken:
- Packt die Dinge an
- Braucht von niemandem Bestätigung
- Vertraut seinem Instinkt

Schwächen:
- Hat absolut keine Geduld
- Sieht überall Konkurrenz
- Handelt impulsiv und kennt kein Risiko

Stier

Stärken:
- Verlässlich hoch zehn
- Teilt einfach alles mit seinen Lieblingsmenschen
- Liefert top Ergebnisse ab

Schwächen:
- Total materialistisch
- Wählt lieber den bequemen Weg
- Würde eher sterben, als um Hilfe zu bitten

Zwilling

Stärken:
- Ist für jeden Spaß zu haben
- Findet immer die richtigen Worte
- Hat eine tolle Ausstrahlung

Schwächen:
- Chaotisch und unordentlich
- Entweder übertrieben anhänglich oder eiskalt und distanziert
- Verschließt die Augen vor Konsequenzen

Krebs

Stärken:
- Setzt klare, gesunde Grenzen
- Kümmert sich bedingungslos um andere
- Ist total harmoniebedürftig

Schwächen:
- Will andere fixen und vergisst dabei sich selbst
- Bleibt immer freundlich, um ja nicht unhöflich zu wirken
- Verfällt gerne in Selbstmitleid

Löwe

Stärken:

- Vorsitzender des Clubs für Selbstliebe
- Inspiriert und motiviert andere
- Verteidigt Freund:innen bis aufs Blut

Schwächen:

- Sucht immer und überall nach Bestätigung
- Findet andere Meinungen grundsätzlich daneben
- Unvergleichliche Drama Queen

Jungfrau

Stärken:

- Schafft Ordnung im Chaos
- Spornt sich und Freund:innen zu Höchstleistungen an
- Weiß die kleinen Dinge zu schätzen

Schwächen:

- Tendiert zu Mangeldenken
- Hat starke Selbstzweifel
- Gibt zu viel auf Perfektion

Waage

Stärken:

- Kann gut mit Menschen umgehen
- Setzt sich für Gerechtigkeit ein
- Will die Welt zu einem schöneren Ort machen

Schwächen:

- Hat Probleme mit persönlichen Grenzen
- Hört zu sehr auf die Meinung anderer
- Geht Konflikten aus dem Weg und trennt sich deshalb nicht von toxischen Menschen

Skorpion

Stärken:

- Sieht Trauma als Chance für Veränderungen und persönliches Wachstum
- Starke, feinfühlige Intuition
- Heilt sich und andere

Schwächen:

- Ist total nachtragend
- Lässt sich von starken Emotionen leiten
- Schluckt Gefühle runter und geht dann auf andere los

Schütze

Stärken:

- Kommt sehr überzeugend rüber, aber nutzt es nicht für seine Zwecke aus
- Hält Freiheitsliebe und Pflichtbewusstsein immer im Gleichgewicht
- Hat eine optimistische Lebenseinstellung

Schwächen:

- Ist unhöflich und tarnt es als „Ehrlichkeit“
- Andere Meinungen? Ne, lass mal
- Läuft schneller als der Roadrunner vor Verantwortung weg

Steinbock

Stärken:

- Ziele und Träume erreichen: Check
- Respektiert andere und wird respektiert
- Stellt sich jedem Problem, egal wie groß

Schwächen:

- Zweifelt innerlich ständig an sich
- Ist ein Workaholic
- Kann Gefühle sehr schwer ausdrücken

Wassermann

Stärken:

- Will immer das Beste für alle
- Bleibt cool, wenn es mal stressig zugeht
- Geht das Leben auf seine ganz eigene Art an

- **Schwächen:**

- Kann schlecht mit emotionalen Situationen umgehen
- Diskutiert gerne zum Spaß
- Fühlt sich oft wie ein Außenseiter

Fische

Stärken:

- Ist für sein Mitgefühl bekannt
- Ist einfühlsam, aber lässt sich nicht vereinnahmen
- Findet super easy neue Freund:innen

Schwächen:

- Opfert sich komplett für andere auf
- Tritt beim ersten Anzeichen für einen Konflikt die Flucht an
    - Gibt sich melancholischen Gedanken hin

Alles eine Frage des Typs

Es gibt immer zwei Sorten Mensch … Sternzeichen sind da keine Ausnahme! Wir haben die Tierkreiszeichen mit ihren persönlichen Ausprägungen in zwei Typen unterteilt. Vielleicht zügeln ruhige Wasservibes dein feuriges Temperament, das ein leidenschaftlicher Widder wie du normalerweise hat. Oder eine Prise Erdenergie hält dein draufgängerisches Zwillings-Ich in Schach. Und, welcher Typ bist du?

Check dein Sonnenzeichen und deinen Aszendenten.

Widder

Typ 1:

- BFF fürs Leben
- Psychospielchen? Noch nie gehört!
- Dominante Prinzessin

Typ 2:

- Sieht in jedem nur das Gute, auch in schlechten Menschen
- Hat null Geduld
- Optimistischer Softie

Stier

Typ 1:

- Foodie und Küchen-Experte
- Schlafen, Netflix bingen, weiterschlafen
- Antwortet zwei Tage später auf Nachrichten … frühestens

Typ 2:

- Stilikone
- Lebt in einem Dschungel aus Zimmerpflanzen
- Kleiner Hitzkopf

Zwilling

Typ 1:

- Mehr Stimmungsschwankungen als Sand am Meer
- Nervt am meisten: Ignorante Menschen
- Ist unglaublich witzig

Typ 2:

- Findet sich in jeder sozialen Situation zurecht
- Langeweile: Fehlanzeige
- Lacht laut über Astro-Memes, fühlt sich in Wahrheit persönlich angegriffen

Krebs

Typ 1:

- Tierflüsterer
- Schiebt Heulattacken auf den Vollmond
- Würde für seine Lieblingsmenschen alles tun

Typ 2:

- Rotzfrech
- Wer sich mit ihm anlegt, wird kaltgemacht
- Künstlerisch veranlagt

Löwe

Typ 1:

- Spielt nicht nur in seinem Leben die Hauptrolle
- Kann absolut nicht einstecken
- Auch schlechte Publicity ist Publicity

Typ 2:

- Viel zu großzügig
- Immer für einen chilligen Abend mit den Besties zu haben
- Hat eine geheime unsichere Seite

Jungfrau

Typ 1:

- Stressputzen um drei Uhr morgens
- Ist ohne Organisation nicht lebensfähig
- Insgeheim ein echter Outdoortyp

Typ 2:

- Menschlicher Lügendetektor
- Hat eine geheime verrückte Seite
- Hasst Veränderungen

Waage

Typ 1:

- Steht auf gute Diskussionen
- Ehrlich gesagt eine kleine Meckerqueen
- Wow, was für ein Selbstbewusstsein!!

Typ 2:

- Hat eine Leidenschaft für Livemusik
- Will nur, dass sich alle verstehen
- So unentschlossen wie es sich für eine Waage gehört

Skorpion

Typ 1:

- „Dein Geheimnis ist bei mir sicher!“
- Super hot
- *grübel grübel*

Typ 2:

- Bissiger Unterton
- Kann ziemlich einschüchternd wirken
- Motto: Vertraue nichts und niemandem

Schütze

Typ 1:

- Träumt vom #vanlife
- „I want to break free"
- Zurückhaltung? Was ist das?

Typ 2:

- Aufstrebendes Comedy-Talent
- Kommuniziert mit der berühmt-berüchtigten Ehrlichkeit eines Schützen
- Unangebrachte Lachanfälle

Steinbock

Typ 1:

- Money, Money, Money
- Zeigt niemals Schwäche
- Trockener Humor als Extremsportart

Typ 2:

- Alte Seele
- Der netteste Mensch überhaupt
- Durchlebt jeden kleinen Fehler seit 2012

Wassermann

Typ 1:

- Verkanntes Genie
- „Gefühle? Hatte ich seit Jahren nicht mehr"
- KATZEN

Typ 2:

- Will nur noch schnell die Welt retten
- Findet Aliens ziemlich cool
- Zeit für die #unbequemewahrheit

Fische

Typ 1:

- Hat Mitgefühl für alle Lebewesen
- Probieren geht über studieren
- Immer am Rand der Existenzkrise

Typ 2:

- Liebt einen gepflegten Spaziergang in der Natur
- Ist schlauer als es scheint
- Märtyrer bis zur Selbstaufgabe

Vorurteil oder Realität?

Typisch Widder/Stier/etc.? Von wegen! Auch wenn hinter jedem Klischee meistens ein klitzekleiner Funken Wahrheit steckt, wollen wir hier mit ein paar Vorurteilen aufräumen. Klar sind die „Steckbriefe“ von Tierkreiszeichen immer ziemlich allgemein gehalten und können nie so individuell sein, wie wir Menschen nun mal sind. Aber jedes dieser stereotypischen Merkmale basiert auch auf der Realität. Nutze deine neu gewonnen Astro-Skills und bleib offen. Je intensiver du dich mit deinen Sternen beschäftigst, desto mehr wirst du merken, wie sehr dich jede einzelne Position in deinem Chart ausmacht.

Check dein Sonnenzeichen und deinen Aszendenten.

Widder

Klischee:

- 24/7 auf Streit aus
- Extrem impulsiv
- Kommandiert andere herum

Realität:

- Kommuniziert klar seine Grenzen
- Sieht das Leben als Abenteuer
- Spricht alles offen und ehrlich an

Stier

Klischee:

- Denkt immer nur ans Essen
- Wirft Geld zum Fenster raus
- Sturkopf, der keinen Bock auf Neues hat

Realität:

- Neue Sinneseindrücke machen das Leben für ihn erst lebenswert
- Verwöhnt gerne seine Lieben
- Hat Angst, den Halt zu verlieren

Zwilling

Klischee:

- Redet ununterbrochen
- Wild und launenhaft
- Hat viele Gesichter

Realität:

- Will seine Leidenschaft mit anderen teilen
- Ist überall dabei
- Passt sich jedem Vibe an

Krebs

Klischee:

- Hyperemotionale Heulsuse
- Langweilig und übervorsichtig
- Supersensibel und verletzlich

Realität:

- Ist mit sich und seinen Gefühlen total im Reinen
- Ist total fürsorglich und kümmert sich um andere
- Kennt seine Werte

Löwe

Klischee:

- Selbstverliebte Drama Queen
- Extrem selbstsicher
- Kann nicht ohne ständige Liebe und Aufmerksamkeit leben

Realität:

- Sitzt in der ersten Reihe, um seine Freund:innen anzufeuern
- Weiß genau, wie er auf andere wirkt
- Hat unendlich viel Liebe zu geben

Jungfrau

Klischee:

- Hat eine unüberwindbar hohen Messlatte
- Gefühllose Organisationsmaschine
- Unverbesserlich perfektionistisch

Realität:

- Spornt andere an, ihr Bestes zu geben
- Gewinnt in schwierigen Zeiten durch Aufräumen ein Gefühl von Kontrolle zurück
- Hat ein Auge fürs Detail

Waage

Klischee:

- Will sich nicht festlegen
- Kann nicht ohne Drama leben
- Interessiert sich nur für die Meinung anderer

Realität:

- Beleuchtet alle Seiten und ist immer zu einem Kompromiss bereit
- Ist sehr harmoniebedürftig
- Will nur das Beste für alle Beteiligten

Skorpion

Klischee:

- Dominant und irgendwie *too much*
- Besessen von Tod, Sex und Macht
- Sucht ständig Streit

Realität:

- Hat eine tiefe Gefühlswelt
- Beleuchtet auch die düsteren Themen des menschlichen Daseins
- Verarbeitet traumatische Erfahrungen, um daran zu wachsen

Schütze

Klischee:

- Ist immer gut drauf
- Ist schonungslos ehrlich und taktlos
- Hat panische Bindungsangst

Realität:

- Versteckt seine wahren Gefühle hinter einer gut gelaunten Fassade
- Ist mutig genug, um die Wahrheit auszusprechen
- Braucht Raum für Veränderung

Steinbock

Klischee:

- Krasser Workaholic
- Interessiert sich nur für Macht und Geld
- Gefühllose Spaßbremse

Realität:

- Arbeitet für messbare Erfolge
- Braucht ein Gefühl der Sicherheit
- Ist in Wahrheit echt witzig

Wassermann

Klischee:

- Distanziert und unzugänglich
- Hat aus Prinzip eine andere Meinung als alle anderen
- Weirdo, der Aliens cool findet

Realität:

- Braucht einfach Zeit zum Warmwerden
- Steht für seine Werte ein
- Findet eigentlich super easy neue Freund:innen

Fische

Klischee:

- Hat zu viele Laster
- Ist total zerstreut und verträumt
- Kann sich nicht durchsetzen und gibt viel zu schnell nach

Realität:

- Experte in: Realitätsflucht
- Stellt sich lieber eine schöne Zukunft vor, als negativen Gedanken nachzugeben
- Schultert die emotionale Last von anderen und ist deshalb unglaublich stark

Wer mit wem?

Du kennst das bestimmt: Mit gewissen Menschen macht es sofort Klick. Und das fühlt sich wunderbar an! Manche Sternzeichen viben viel besser als andere. Einfach, weil sie eine ähnliche Sichtweise haben oder weil ihnen die gleichen Dinge im Leben wichtig sind. Warum die Chemie manchmal stimmt und manchmal nicht, ist ein wahnsinnig umfangreiches Thema. Jeder Mensch ist anders – wie sieht es dann erst aus, wenn zwei individuelle und komplexe Geschöpfe aufeinandertreffen?

Eben weil das Ganze so kompliziert ist, ist dieser Teil des Buches ein wenig anders als der Rest. Bei Beziehungen ist nichts in Stein gemeißelt. Das gilt für Freundschaften genauso wie für die Partnerschaft – immerhin entwickeln wir uns ständig weiter. Wenn deine Beziehung noch frisch ist, solltest du dir ansehen, wie eure Sonnenzeichen und Aszendenten zusammenpassen. Da sie für den Teil der Persönlichkeit stehen, den wir nach außen zeigen, beleuchten sie Dinge wie den ersten Eindruck und sexuelle Anziehungskraft. Sobald ihr euch näher kennenlernt, hat das Mondzeichen eine größere Bedeutung. Denn wie du weißt, steht der Mond für dein Gefühlsleben – und Gefühle spielen in zwischenmenschlichen Beziehungen natürlich die Hauptrolle.

So weit so gut. Jetzt kommt der ungewöhnliche Teil: Schnapp dir dein Chart und sieh nach, in welchem Tierkreiszeichen Venus und Mars bei dir stehen. Warum? Na, weil diese Positionen verdammt wichtig sind, wenn du mehr über den romantischen Vibe zwischen dir und deinem Herzblatt wissen willst! Venus ist der Planet der Liebe und der Schönheit. Das Venuszeichen sagt dir also auch, was du an anderen attraktiv findest. Das Marszeichen wiederum steht für Aggressivität und Sexualität. Du merkst schon, all das sind superwichtige Punkte, wenn es um Beziehungen geht! Sieh in unserer praktische Tabelle nach, mit welchen Tierkreiszeichen du am besten zusammenpasst.

HINWEIS

Wie schon gesagt – warum manche Menschen besser zusammenpassen als andere ist ein sehr weitläufiges Thema. Man kann quasi so tief darin eintauchen, dass man am anderen Ende unseres Sonnensystems wieder auftaucht. Und da kommt Synastrie ins Spiel! Bei dieser Methode werden zwei Geburtshoroskope verglichen, indem man die Positionen des einen in das andere einzeichnet. So erkennt man Gemeinsamkeiten bei den Planeten, Aspekten und Winkeln. Zugegeben, das ist schon sehr ausführlich. Aber wenn du ganz genau herausfinden willst, wo die Stärken und Schwächen einer Beziehung liegen, solltest du unbedingt mithilfe der jeweiligen Geburtsdaten ein Synastrie-Chart erstellen! Check die Sonnen-, Mond-, Venus- und Marszeichen von dir und der anderen Person.

Widder ♈
Stier ♉
Zwilling ♊
Krebs ♋
Löwe ♌
Jung ♍
Widder ♈
Stier ♉
Zwilling ♊
Krebs ♋
Löwe ♌
Jungfrau ♍
Waage ♎
Skorpion ♏
Schütze ♐
Steinbock ♑
Wassermann ♒
Fische ♓

OMG! Ihr seid Seelenverwandte!

Totale Harmonie

Passt ganz gut

Gegensätze ziehen sich an

Völlig anderer Vibe

Eher schwierig

Danke, aber nein danke

Was du einem Sternzeichen niemals sagen solltest

Manches sollte man lieber für sich behalten! Bei welchem Satz könntest du die Wände hochgehen? Hinweis: Wir sind nicht für die Folgen verantwortlich, wenn du mit diesen Sätzen deine Familie oder deine Freund:innen auf die Palme bringst!

Check dein Sonnenzeichen und deinen Aszendenten.

Sag niemals …

… einem **Widder,** dass er irgendetwas nicht schafft

… einem **Stier,** dass es eine Planänderung gibt

… einem **Zwilling,** dass er sich sein unangebrachtes Lachen verkneifen soll

… einem **Krebs,** dass er zu empfindlich ist

… einem **Löwen,** dass du ihn gar nicht bemerkt hast

… einer **Jungfrau,** dass sie einfach improvisieren soll

… einer **Waage,** dass sie sich entscheiden muss

… einem **Skorpion,** dass du unabsichtlich sein Geheimnis ausgeplaudert hast

… einem **Schützen,** dass er die Wahrheit schön verpacken soll

… einem **Steinbock,** dass er seine Ansprüche runterschrauben muss

… einem **Wassermann,** dass es nur einen richtigen Weg zum Ziel gibt

… einem **Fisch,** dass er seine Me-Time opfern muss

Monologe um Mitternacht

Es ist spät nachts und du wälzt dich im Bett. Was geht dir durch den Kopf?

Check dein Sonnen- und Mondzeichen.

Widder:

„Okay, vielleicht war das vorhin ein bisschen fies, aber ich weiß, dass ich recht habe!“

Stier:

„Was soll's, ich kauf das Teil auf jeden Fall!“

Zwilling:

„Wie bescheuert. Warum brauchen Menschen überhaupt Schlaf?“

Löwe:
„Wird Zeit für eine komplett neue Garderobe. Morgen geh ich shoppen!“
Krebs:
„Was, wenn mich alle meine Lieblingsmenschen gar nicht leiden können?!“
Jungfrau:
„Wie könnte ich Schlaf noch effizienter in meinen Tagesablauf integrieren?“

Waage:
„Ob die Person wohl checkt, dass es in meinem Insta-Post um sie geht?“
Skorpion:
„Davon mach ich definitiv einen Screenshot … und noch einen … und davon auch …“
Schütze:
„Wow, ich war heute echt witzig!“

Steinbock:
„Hab ich heute auch wirklich jede freie Minute in meine Projekte gesteckt?“
Wassermann:
„Auf welcher Höhe beginnt eigentlich der Himmel?“
Fische:
„Ups, ich hab heute ja noch gar nicht geweint!“

Romantische Kurzporträts

Love is in the air! Was findest du zum Dahinschmelzen und was zum Davonlaufen? Finden wir es heraus! Genau wie im Kapitel „Wer mit Wem“ klappt das am besten mit deinem Venuszeichen. Venus ist der Liebesplanet, deshalb ist dein Venusplacement so wichtig, wenn es um Themen wie Anziehungskraft und Romantik geht.

Check dein Venus-, Sonnen- und Mondzeichen.

Widder

„Der Adrenalinjunkie"
Gefällt: Ehrlichkeit, Spontaneität und Eigenständigkeit

Nervt: Ausweichende Antworten, Eifersucht und übertriebene Ernsthaftigkeit

Stier

„Der Sinnliche"
Gefällt: Zuverlässigkeit, Kultiviertheit und gutes Essen

Nervt: schlechte Manieren, Aggressivität und Launenhaftigkeit

Zwilling

„Der Verbündete"
Gefällt: Humor, Abwechslung und gute Gespräche

Nervt: Geltungsdrang, Langeweile und schlechte Laune

Krebs

„Der Beschützer"
Gefällt: Empfindsamkeit, große romantische Gesten und offene Zuneigung

Nervt: Arroganz, unsensible Bemerkungen und emotionale Distanz

Löwe

„Der Romantiker“

Gefällt: Natürlichkeit, Loyalität und Komplimente

Nervt: Bevormundung, Negativität und Fremdflirten

Jungfrau

„Die Expertin“

Gefällt: Rücksichtnahme, Kompetenz und Respekt für die eigenen Grenzen

Nervt: Angeber, Geschmacklosigkeit und Ignoranz

Waage

„Die Idealistin“

Gefällt: mit anderen teilen, Gerechtigkeit und schöne Dinge

Nervt: Taktlosigkeit, Konfrontation und ausbeuterische Menschen

Skorpion

„Der Loyale“

Gefällt: Mut, emotionale Tiefe und Hingabe

Nervt: Mittelmäßigkeit, Sprunghaftigkeit und Lügen

Schütze

„Der Abenteurer"

Gefällt: Nervenkitzel, große Pläne und Freigeister

Nervt: in die Ecke gedrängt werden, Pessimisten und Anhänglichkeit

Steinbock

„Der treue Begleiter"

Gefällt: Ehrgeiz, Selbstbeherrschung und Einfallsreichtum

Nervt: Verantwortungslosigkeit, widersprüchliches Verhalten und Menschen ohne Ziel im Leben

Wassermann

„Der beste Kumpel"

Gefällt: Originalität, Freiheit und Intelligenz

Nervt: Gier, Sturheit und offene Zuneigung

Fische

„Der Mentalist"

Gefällt: Mitgefühl, Kreativität und Vorstellungskraft

Nervt: Distanziertheit, Engstirnigkeit und Unhöflichkeit

Sternzeichen und Elemente

Wie du ja schon aus dem ersten Kapitel weißt, ist jedes Tierkreiszeichen einem der vier Elemente – Feuer, Luft, Erde und Wasser – zugeordnet. Diese Sternzeichen teilen sich gewissermaßen das Element-Temperament, von dem auch du sicher das ein oder andere Merkmal abbekommen hast!

Check dein Sonnen- und Mondzeichen und deinen Aszendenten.

Feuer

Widder, Löwe, Schütze

- Liebt dich entweder bedingungslos oder schenkt dir absolut keine Beachtung
- Gibt niemals auf
- Allergisch gegen Planung
- Lebt das Chaos
- Würde niemals zugeben, dass er eine Umarmung braucht

Erde

Stier, Jungfrau, Steinbock

- Strahlt göttliche Weiblichkeit aus
- Macht sich ständig Sorgen
- Hat eine starke emotionale Bindung zu materiellen Dingen
- In Wahrheit total sensibel
- Schweigt wie ein Grab

Luft

Zwillinge, Waage, Wassermann

- Schreibt entweder sofort zurück ... oder nach zwei Wochen
- Immer gut drauf
- Hat zu *allem* eine Meinung
- Hat einen unvergleichlichen Sinn für Humor
- Fühlt sich in großen Gruppen fehl am Platz

Wasser

Krebs, Skorpion, Fische

- Hört traurige Playlists in Dauerschleife
- Riecht Bullshit auf einen Kilometer Entfernung
- Oft schüchtern, aber dann wieder überhaupt nicht
- Weint wegen Dingen, die noch gar nicht passiert sind
- Kennt alle Geheimnisse und behält sie für sich

Guilty Pleasures ohne Schuldgefühle

Wir haben alle unsere Guilty Pleasures: Diese Dinge, die uns total guttun, für die wir uns aber irgendwie schämen. Warum eigentlich? Man muss sich auch mal was gönnen. Und was ist schon dabei, solange man damit niemandem weh tut?

Check dein Sonnen- und Mondzeichen und deinen Aszendenten.

Feuer

Widder, Löwe, Schütze

- Spritztouren mit lauter Musik
- Spontane Partys mit einem Haufen Überraschungen
- Die Gefahr suchen für den Adrenalinkick
- Damit angeben, dass man etwas schon vor allen anderen cool fand

Erde

Stier, Jungfrau, Steinbock

- Ein traumhaftes Date, bei dem alles nach Plan läuft
- Luxuriöse Spa-Days
- Die magischen Worte: „Du hattest Recht"
- Essen vom Lieferdienst

Luft

Zwillinge, Waage, Wassermann

- Das Handy auf lautlos stellen und alle Nachrichten ignorieren
- Zum Runterkommen Netflix bingen
- Die neuesten Trends ausprobieren
- Gossip mit den Besties austauschen

Wasser

Krebs, Skorpion, Fische

- Die Emo-Playlist voll aufdrehen und eine Runde heulen
- Eine Schublade voller sexy Dessous
- Seltsame Hobbys, auf die sonst niemand kommt
- Einen Onlineartikel nach dem anderen lesen, um der Realität zu entfliehen

Kapitel 3

Do You Believe in Magic

Und, hast du langsam das Gefühl, dass du die Astrologie-Basics draufhast? Wir glauben an dich! In den letzten Kapiteln haben wir uns mit der den harten Astro-Fakten beschäftigt, nun wollen wir uns der Welt der Magie widmen. Für einige fällt Astrologie zusammen mit anderen Wahrsagepraktiken unter die Kategorie „Hexenzeug" – was gar nicht so verkehrt ist! Vergangenheit und Zukunft in den Sternen zu deuten ist ein ganz schön mächtiger Zauber.

Magie ist so viel mehr als Kristalle und Zaubersprüche. Moderne Hexerei vereint ein unglaublich breites Spektrum an Techniken. Jede spirituelle Reise ist immer auf gewisse Weise magisch, auch wenn du es vielleicht gar nicht bemerkst. Du erkennst Muster in deinem Leben, die sich ständig wiederholen? Du bereitest ein Selfcare-Ritual vor? Oder schreibst in dein Journal? All das ist Magie! Immer dann, wenn wir eine Absicht haben und entsprechend handeln, wirken wir unseren Zauber. Du kannst Astrologie als Tool in deiner spirituellen Praxis nutzen, wenn du Entscheidungen über konkrete Schritte auf deinem Lebensweg treffen willst. In diesem Kapitel werden wir Astrologie also ein wenig abstrakter angehen: von Tarot über Hexen bis zu Selfcare.

Wie immer sind das alles nur Vorschläge! Damit wollen wir dir nur eine kleine Hilfestellung geben, falls du noch neu in der Astro-Welt bist. Je mehr du über die Sterne und Tierkreiszeichen lernst, desto leichter kannst du unsere Tipps an dich und dein Geburtshoroskop anpassen. Mach immer das, was sich für dich richtig anfühlt.

HINWEIS

Wie im letzten Kapitel empfehlen wir dir, gewissen Zeichen aus deinem Chart besondere Beachtung zu schenken. Das Sonnenzeichen ist immer mit dabei, weil es den Kern deiner Identität widerspiegelt. Das Mondzeichen ist wichtig, wenn es um deine Gefühle, Ängste oder Bedürfnisse geht. Und der Aszendent? Der kommt bei Dingen wie deinem Auftreten, deinen Ansichten und deinen Skills ins Spiel.

Astrologie und Tarot

Wusstest du, dass jedem Sternzeichen eine eigene Tarotkarte der Großen Arkana zugeordnet ist? Genauso wie Sternbilder nutzen die Menschen Tarotkarten seit Jahrhunderten, um die Zukunft vorherzusagen. Die wohl berühmteste Version ist das von Pamela Coleman Smith wunderschön illustrierte Raider-Waite-Tarotdeck mit seinen archetypischen Darstellungen. Beim Design der folgenden Tarotkarten inklusive ihrer Bedeutungen und astrologischen Assoziationen haben wir uns vom Raider-Waite-Deck inspirieren lassen.

Finde deine Karte! Suche nach deinem Sonnen- und Mondzeichen.

Widder: Der Herrscher

Der Herrscher ist eine einflussreiche Autoritätsfigur, die nur so vor Selbstsicherheit strotzt. Zwei Schafsböcke sind in seinen majestätischen Thron geschnitzt – es ist also keine große Überraschung, dass der Widder die Badass Vibes des Herrschers teilt. Selbstbewusstsein? Check. Unerschütterliche Loyalität? Check. Der geborene Anführer? Check! Wie der Widder steht der Herrscher für Ehrlichkeit, Integrität und Selbstoptimierung. Herrscher und Widder sind verständnisvoll und wohlwollend – aber sie haben keine Zeit für Spielchen.

Wenn du diese Karte aufdeckst, musst du deine innere Power unter Beweis stellen. Du willst die Welt im Sturm erobern – und genau diese Energie musst du jetzt channeln!

Stier: Die Hierophantin

Wenn eine Aufgabe besonders gründlich erledigt werden soll, hat der Stier seinen großen Auftritt. Seine Tarotkarte ist die Hierophantin. Sie steht dafür, von altbewährten Traditionen und Bräuchen zu lernen und sich ständig weiterzubilden. Die Hierophantin erreicht ihre Ziele mit harter Arbeit und unermüdlichem Einsatz. Gut Ding will eben Weile haben, das wissen Stier und Hierophantin ganz genau. Mit ihrer Hartnäckigkeit erreichen sie eine beneidenswerte Position im Leben. Und es hat einige Vorteile, an der Spitze zu stehen!

Bei dieser Karte solltest du überlegen, ob du deinen Zielen genügend Zeit und Energie widmest. Und vielleicht noch viel wichtiger: Feierst du deine bisherigen Erfolge und Meilensteine? Der Stier arbeitet hart, aber er sollte sich auch mal auf die Schulter klopfen.

Zwillinge: Die Liebenden

Die Zwillinge gehören zu den sogenannten gemeinschaftlichen Zeichen. Ihre Tarotkarte ist also ziemlich naheliegend: Die Liebenden! Diese Karte steht für Vielfalt, Dualismus und die Fähigkeit, sich in andere hineinzuversetzen. Zwillinge halten sich gerne alle Optionen offen und die Liebenden wollen, dass wir die Dinge von allen Seiten beleuchten. Welche Werte und Ideale sind dir besonders wichtig? Wie vereinst du deine unterschiedlichen Energien zu einem wundervollen Ganzen?

Das Stichwort dieser Karte lautet „Harmonie". Auch wenn du gerade total neben dir stehst, erinnern dich die Liebenden daran, dass du deinen Weg zurück zu innerer Balance finden wirst. Zwillinge schlüpfen geschickt in verschiedene Rollen und finden so ein Gleichgewicht, wo andere längst verloren wären.

Krebs: Der Wagen

Der Krebs gilt als Softie unter den Sternzeichen. Aber man darf nicht vergessen, dass er zu den vier Kardinalzeichen gehört! Die sind mit einer gehörigen Portion Mumm gesegnet und haben keine Angst, Probleme anzupacken. Welche Karte könnte besser zu dieser Einstellung passen als der Wagen? Der Krebs ist in manchen Situationen vielleicht zuerst ein bisschen zaghaft, aber man kann sich zu hundert Prozent auf ihn verlassen. Die furchtlose Kriegerin steuert den Wagen auf das Ziel zu und überwindet auf dem Weg jedes noch so große Hindernis. Und auch der Krebs erreicht alles, was er sich in den Kopf gesetzt hat!

Diese Karte sagt ganz klar: Du bist am Zug. Wer seine Ziele verfolgt, wird belohnt. Deine Komfortzone ist vielleicht, nun ja, gemütlich, aber wenn du deine Träume erfüllen willst, musst du handeln!

Löwe: Stärke

Hmm, was könnte wohl die Tarotkarte des starken Löwen sein? Ja ja, noch offensichtlicher geht's nicht, wenn man sich die Karte ansieht. Weniger offensichtlich ist, dass sie nicht nur für Mut und Selbstbewusstsein steht – wovon der Löwe eine gehörige Portion mitbringt –, sondern auch für Mitgefühl und Charakterstärke. Der Löwe hat ein unglaublich großes Herz und er ist immer bereit, anderen zu helfen.

Die Message dieser Karte: Durchhalten! Du bist unglaublich stark und damit packst du alles. Glaub an dich und channel die selbstbewusste Energie des Löwen.

Jungfrau: Die Eremitin

Ordnungsliebend und perfektionistisch: Die Connection zwischen Jungfrau und Eremitin liegt auf der Hand. Jungfrauen haben das tiefe Bedürfnis, Altes und Unnützes aus dem Weg zu räumen, um Platz für Neues zu schaffen. Und der Eremitin geht's genauso! Auf der Suche nach Antworten richtet sie den Blick nach innen. Die Eremitin will, dass du die Dinge hinterfragst. Was brauchst du nicht mehr und was willst du in deine nächste Lebensphase mitnehmen?

Wenn du diese Karte ziehst, solltest du dich mit deinem Verständnis von Disziplin beschäftigen. Jungfrauen sind berühmt-berüchtigt für ihren Perfektionismus. Pass auf, dass du nicht zu pingelig bist. Besser du erreichst überhaupt deine Ziele, als du musst aufgeben, weil du unerreichbare Ansprüche an dich selbst stellst!

Waage: Gerechtigkeit

Die Waage und die Waagschalen der Gerechtigkeit: Beide stehen für Balance, Harmonie und Gleichheit. Waagen fällt es super schwer, eine Entscheidung zu treffen. Warum eigentlich? Weil sie alles erst aus jedem möglichen Blickwinkel betrachten wollen. Balance eben! Die Waage und die Gerechtigkeit hören sich alle Argumente an, damit sie in der Lage sind, einen gerechten Kompromiss zu finden.

Die Message der Gerechtigkeit: Man erntet, was man sät. Bleib aufrichtig und ausgeglichen wie die Waage. Du weißt, was richtig und was falsch ist.

Skorpion: Tod

Wie der Skorpion hat auch seine Tarotkarte – der Tod – einen gewissen Ruf. Beide haben eine verborgene Seite, die man nicht sofort erkennt, und beide werden oft missverstanden. Ja, Skorpione üben eine starke Anziehungskraft aus und ja, der Tod reitet als Sensenmann über das Schlachtfeld, um die Gefallenen nach dem Kampf zu holen. Beide sind auf ihre Weise verdammt intense. Aber beide finden ihre innere Stärke in der Veränderung nach schwierigen Zeiten. Skorpion und Tod stehen für persönliches Wachstum und Verwandlungsprozesse. Veränderungen sind nie leicht, aber nur so kann Neues entstehen.

Hab keine Angst, wenn du diese Karte ziehst! Channel deinen inneren Skorpion und schau der Dunkelheit mutig ins Auge. Du wirst dich verändern, aber du wirst stärker als je zuvor aus diesem Kampf hervorgehen.

Schütze: Mäßigkeit

Der Schütze ist der Philosoph unter den Sternzeichen. Immer auf der Suche nach einer höheren Wahrheit, schreitet er mutig dem Horizont entgegen. Seine Karte ist die Mäßigkeit, eine engelhafte Erscheinung, die mit einem Fuß fest auf der Erde steht und den anderen in den Fluss der spirituellen Welt taucht. Ihre Botschaft lautet: Bleib geerdet, aber sei offen für die spirituelle Kraft, die uns in der irdischen Welt Hilfe und Orientierung bietet. Klingt ein bisschen nach Erleuchtung, oder? Und genau deshalb passt sie auch so gut zum Schützen, der immer alles verstehen will.

Wenn diese Karte in deinem Reading auftaucht, finde deine innere Mitte. Dein Idealismus ist bewundernswert, aber es ist total wichtig, dass du dabei geerdet bleibst. Alles in Maßen.

Steinbock: Der Teufel

Auch der Teufel gehört zu den Tarotkarten, die von den meisten total missverstanden wird. Genauso wie der Steinbock übrigens! Die Connection zwischen den beiden passt also. Der Teufel symbolisiert Verlangen, Laster und Machtverhältnisse. Der Steinbock kommt ziemlich kalt und ernst rüber, aber du hättest echt Probleme, jemanden mit mehr Ehrgeiz zu finden. Teufel und Steinbock haben beide Großes vor. Und wie sieht es mit den Lastern aus? *Work hard, play hard* ist das Motto des Steinbocks. Leider kennt der Steinbock dazwischen wenig: Entweder totaler Workaholic oder zügelloser Luxus. Pass auf, dass du dir nicht selbst im Weg stehst!

Bei dieser Karte solltest du dich mit deinen Werten und Zielen auseinandersetzen. Passen sie noch zusammen? Außerdem will sie dich daran erinnern, dass du dich ruhig mal verwöhnen darfst!

Wassermann: Der Stern

Taucht der Stern in deinem Reading auf, darfst du aufatmen. Als Symbol der Hoffnung steht er für neue Chancen und Möglichkeiten – und passt damit perfekt zum typischen Wassermann-Vibe. Der Wassermann hat immer neue Innovationen und kreative Lösungen auf Lager. Er ist ein echter Macher. Statt verzweifelt umherzuirren, glaubt er ganz fest an sich und seine Fähigkeiten. Tief drin weiß er, dass er die Welt zu einem besseren Ort machen kann. Und komm schon, sieh dir die Karte mal an! Welches Bild könnte besser zum Herrscher des Wassers passen?

Deckst du diese Karte auf, weißt du: Auch wenn es gerade düster ist, gibt es immer einen Stern, der dir den Weg nach Hause leuchtet. Achtung Spoiler: Dieser Stern bist DU! Glaub an dich – Selbstliebe ist das A und O.

Fische: Der Mond

Der verträumte Fisch und der mysteriöse Mond sind ein echtes Dreamteam. Der Mond steht für das Unterbewusstsein, Träume und Illusionen – die Dinge sind nicht so, wie sie auf den ersten Blick erscheinen. Der Fisch versteht das instinktiv. Obwohl sich dieser gefühlsbetonte Wasserbewohner gerne in Traumwelten verliert und sich leider auch sehr leicht manipulieren lässt, spürt er sofort, wenn etwas nicht stimmt. Fische sind viel stärker, als ihnen die meisten zutrauen. Sie haben keine Angst, den unbekannten Weg zu gehen und auf dem schmalen Grat zwischen Ordnung und Chaos zu wandeln.

Ziehst du den Mond für dein Reading, solltest du in dich gehen und reflektieren. Deine Intuition weist dir immer den richtigen Weg und der Mond ermutigt dich, dir und deinem Bauchgefühl zu vertrauen. Was ist Illusion und was ist Wirklichkeit?

Orakelkarten für jedes Sternzeichen

Orakelkarten sind ein wunderbares Tool zur Selbstreflexion. Ihre Bedeutungen sind zwar freier und intuitiver als die von Tarotkarten, aber trotzdem sind sie total hilfreich, wenn du einen Schubser in die richtige Richtung brauchst oder deinen Fragen auf den Grund gehen willst. Und wer weiß, vielleicht kommt etwas auf dich zu, was du gar nicht auf dem Schirm hattest!

Wir haben je zwei Orakelkarten für jedes Tierkreiszeichen designt. Betrachte deine Karten. Welche passt intuitiv besser zu deinem Sonnenzeichen? Welche spricht die sanfte, emotionale Seite deines Mondzeichens an? Und welche reflektiert deinen Aszendenten und damit dein Sozial- und Arbeitsleben am besten? Lass alle Erwartungen los und bleib offen, was die Bilder und Bedeutungen in dir auslösen.

Check dein Sonnen- und Mondzeichen und deinen Aszendenten.

Widder

Das Feuerzeug

- Silberstreifen am Horizont
- Etwas Neues beginnt
- Neu entfachte Leidenschaft und Vitalität
- Vorsicht: Burnout-Alarm!

Der Farn

- Innere Unruhe oder Suche nach einer neuen kreativen Ausdrucksmöglichkeit
- Unbegründete Ängste loslassen, um die Ursache herauszufinden
- Ein erfolgreiches Projekt
- Vorsicht: Vernachlässige nicht deine Gesundheit!

Stier

Der Halbmond

- Auf Ziele hinarbeiten
- Eine besonders kreative Schaffensphase erwartet dich
- Optimistischer Blick in die Zukunft
- Vorsicht vor selbstgefälligem Verhalten!

Der Kürbis

- Dein Wohlbefinden steht an erster Stelle
- Früchte harter Arbeit ernten
- Den Moment genießen
- Vorsicht: Nicht zu viel Geld ausgeben!

Zwillinge

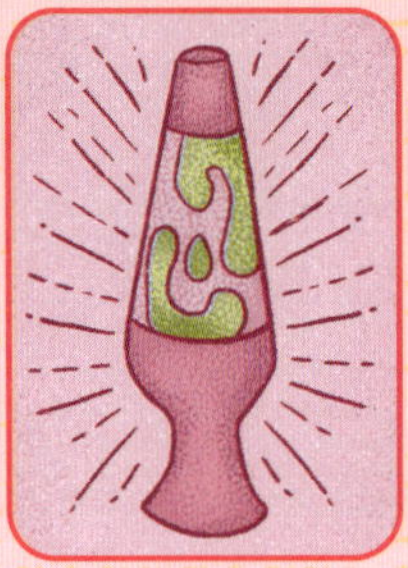

Die Lava-Lampe

- Gefallen an seltsamen und ungewöhnlichen Dingen finden
- Aus der Komfortzone ausbrechen
- Ab und zu mal langsam machen
- Vorsicht: Nicht übertreiben!

Die Venusmuschel

- Starke Beziehungen aufbauen
- Sich mit seiner Umwelt auseinandersetzen
- Ein Omen für Wohlstand
- Vorsicht: Verschließ dich nicht vor anderen!

Krebs

Die Zimmerpflanze

- Es geht langsam aber stetig voran
- Bewusstsein für den Lohn harter Arbeit
- Körperliche oder emotionale Wunden heilen
- Vorsicht: Du kannst nicht alles kontrollieren!

Das Flanellhemd

- Eine Zeit voller Liebe und Glück
- Erleichterung bezogen auf eine bestimmte Situation
- Du fühlst dich rundum geborgen
- Vorsicht vor Bequemlichkeit!

Löwe

Der Kristall

- Du bist auf dem richtigen Weg
- Wunden der Vergangenheit heilen
- Möglichkeiten ergreifen
- Vorsicht: Vergiss nicht, welche natürlichen Gaben du hast!

Der Zaubertrank

- Eine Situation mit innerer Kraft ändern
- Kluge finanzielle Entscheidungen
- Verantwortung übernehmen
- Vorsicht: Nimm keine riskanten Abkürzungen!

Jungfrau

Der Fliegenpilz

- Omen für unerwarteten Geldsegen
- Alle Hindernisse und Probleme bewältigen
- Ein unerklärliches Verlangen danach, alle Zelte abzubrechen
- Vorsicht vor mentaler Erschöpfung!

Der Hexenkessel

- Kontrolle zurückerlangen
- Selbstlosigkeit und Support für andere
- Vertraue deinen Gefühlen
- Vorsicht vor Sturheit!

Waage

Das Gänseblümchen

- Das Glück ist auf deiner Seite
- Neuanfänge oder Wiederaufleben von Beziehungen
- Ruf nach Veränderung
- Vorsicht vor Unentschlossenheit!

Der Spiegel

- Selbstreflexion
- Unterbewusste Emotionen kommen zum Vorschein
- Eine Challenge meistern
- Vorsicht vor neuen schlechten Angewohnheiten!

Skorpion

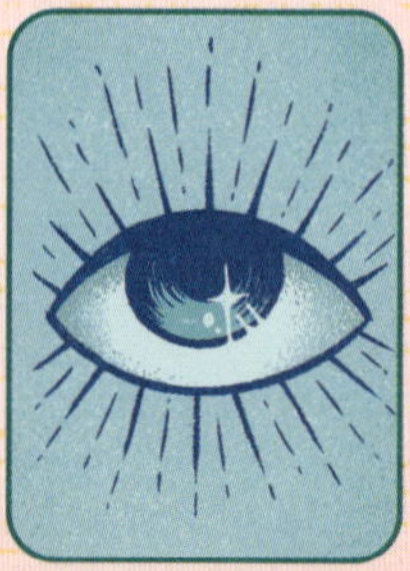

Der Trockenblumenstrauß

- Verbindung zur Vergangenheit
- Vertraue deinem Instinkt
- Ein inneres Verlangen stillen
- Vorsicht: Nicht zu viel grübeln!

Das Auge

- Wichtige Entscheidungen stehen bevor
- Reise ins Unterbewusstsein
- Erweitere deinen Horizont, auch wenn es schwerfällt
- Vorsicht vor einer starren Weltanschauung!

Schütze

Der Schmetterling

- Auf etwas oder jemand Neues konzentrieren
- Eine Zeit großer Veränderungen
- Erhöhtes Bewusstsein
- Vorsicht: Du könntest dich abgehängt fühlen!

Die Spirale

- Spirituelle Reise fortsetzen
- Wichtige Lektionen erkennen
- Loslassen, damit du dich weiterentwickeln kannst
- Vorsicht: Halte nicht wie besessen an etwas fest!

Steinbock

Die Laterne

- Licht in der Dunkelheit finden
- Aus etwas Kleinem entwickelt sich etwas Größeres und Besseres
- Im Unterbewusstsein nach Antworten suchen
- Vorsicht: Ignoriere das Problem nicht einfach!

Das Eichhörnchen

- Eine Zeit von Wohlstand
- Ein stabiles Fundament aufbauen
- Balance aus Arbeit und Freizeit finden
- Vorsicht: Du läufst Gefahr, etwas Wichtiges zu vergessen!

Wassermann

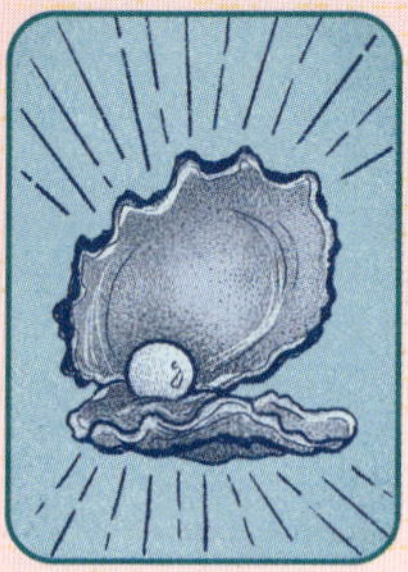

Die schwarze Katze

- Geheimnisse und das Gefühl von Unruhe
- Eine Botschaft des Universums erhalten
- Du darfst auch mal spontan sein
- Vorsicht: Geh bei deinen Grundsätzen keine Kompromisse ein!

Die Perle

- Großartige Nachrichten erwarten di
- Innere Ruhe und Reflexion
- Erfahrungen machen dich weiser
- Vorsicht: Schließe andere nicht aus!

Fische

Der Plattenspieler

- Hör genau hin und erweitere deinen Horizont
- Nutze deine Kreativität
- Eine schwierige Situation elegant lösen
- Vorsicht: Steck nicht den Kopf in den Sand!

Der Frosch

- Umbrüche von alt zu neu
- In einer Situation oder Beziehung reinen Tisch machen
- Nachdem du verletzt wurdest, bist du bereit für einen Neuanfang
- Vorsicht: Verstecke nicht deine wahr Gefühle!

Selfcare für Körper und Geist

Manchmal läuft es im Leben und manchmal überhaupt nicht. Das geht uns allen so, Liebes! Jedes Sternzeichen geht anders mit Stress und Sorgen um. Hier kommen Affirmationen für den Geist, befreiende Übungen für den Körper und ein paar seelenwärmende Anregungen zum Nachdenken. Vielleicht fühlt sich dein KÖRPER mit deinem Sonnenzeichen verbunden, aber die Affirmationen für GEIST und SEELE viben eher mit deinem Mondzeichen. Bleib flexibel und mach das, was zu *dir* passt!

Check dein Sonnen- und dein Mondzeichen.

Widder

Geist

- Mein Inneres leuchtet und ich schenke mir Liebe.
- Ich lasse los und bin offen dafür, meine Wünsche zu empfangen.
- Ich glaube daran, dass ich mein wahres Ich aufrichtig lieben kann.

Körper

- Mach etwas, das du schon immer mal ausprobieren wolltest.
- Tu deinem inneren Kind etwas Gutes und tobe draußen herum.
- Hol deine Yogamatte und streck dich – der Stress wird wie weggeblasen sein.

Seele

- Was ist es wirklich wert, meine feurige Energie zu investieren?
- Ich bin verdammt stark und ich pack das!
- Es ist total okay, mich auch mal aufzuregen, wenn es um etwas geht, das mir wichtig ist.

Stier

Geist

- Ich akzeptiere meine Gefühle, auch wenn ich sie nicht verstehe.
- Ich erschaffe mir ein erfolgreiches, glückliches Leben.
- Je mehr ich loslasse, desto besser wird es mir gehen.

Körper

- Schnapp dir deine BFF und macht einen kleinen Roadtrip.
- Schließ die Augen, schalt den Kopf ab und atme ein paar Minuten lang tief ein und aus.
- Überdenke deine Tageroutine. Fühlt sie sich gut an oder stresst sie dich?

Seele

- Sei nachsichtig.
- Meine Gedanken lösen sich. Ich bin mit mir im Reinen.
- Ich lasse meine Erwartungen los und bin offen für das, was ich wirklich brauche.

Zwillinge

Geist

- Ich bin auf dem richtigen Weg, die beste Version meiner Selbst zu werden.
- Jeder Schritt ist Teil einer erfüllenden und aufregenden Reise!
- Ich habe die Kraft, ich selbst zu sein.

Körper

- Lade dich selbst zu einem Date ein. Verwöhn dich mal so richtig!
- Öffne das Fenster und atme die frische Luft ein.
- Zeit für Freund:innen: Vereinbare ein Treffen mit deinen Besties oder klingel mal bei ihnen durch.

Seele

- Ich habe Großes vor und ich werde es durchziehen.
- Bist du achtsam, wie du deine Wirklichkeit gestaltest?
- So zu tun, als wäre es dir egal, ist nicht dasselbe wie loslassen.

Krebs

Geist

- Ich bin verdammt liebenswert und ich verdiene nur das Beste.
- Ich lebe mein Leben im Einklang mit meinen Träumen.
- Nichts und niemand kann meinen inneren Frieden stören.

Körper

- Chill dich mit einem guten Buch aufs Sofa und lass die Realität hinter dir.
- Verbringe ein paar schöne Stunden mit deiner Fellnase.
- Schreib in dein Journal und kotz dich mal so richtig aus. Manchmal hilft das schon.

Seele

- Was ich ausstrahle, bekomme ich zurück.
- Ich erkenne und respektiere meine Grenzen.
- Ich bin liebevoll zu mir selbst.

Löwe

Geist

- Ich lasse los, was hinter mir liegt.
- Ich verstecke mein inneres Leuchten vor nichts und niemandem.
- Jede meiner Entscheidung ist die richtige für mich.

Körper

- Tanz zu einem Song, der dich nostalgisch macht.
- Gönn dir etwas: eine Massage, eine Rundum-Pflege-Session oder ein relaxendes Schaumbad.
- Geh allein ins Kino.

Seele

- Ich sorge mich nicht um Dinge, die ich nicht ändern kann.
- Ich löse mich von der Vergangenheit.
- Ich weiß, dass Selbstliebe wichtiger ist, als von anderen geliebt zu werden.

Jungfrau

Geist

- Ich vergebe mir selbst und anderen.
- Ich befreie mich von Blockaden und wandle meinen Schmerz in Liebe um.
- Ich bin bereit loszulassen. Ich bin bereit für das, was kommt.

Körper

- Mach Ordnung und organisiere einen Chaosbereich, der dich schon lange stört.
- Schreibe eine Dankbarkeitsliste.
- Höre eine chillige Playlist und kuschle dich auf dem Sofa unter die Decke.

Seele

- Mein Weg ist keine Linie, sondern eine Spirale. Je weiter ich gehe, desto besser erkenne ich den tieferen Sinn meines Lebens.
- Sorgen sind keine Tatsachen. Glaub nicht alles, was du denkst.
- Nur keine Angst! Hab Vertrauen in dich und das Universum.

Waage

Geist

- Ich höre auf meine Intuition und vertraue meinem Bauchgefühl.
- Auch im Chaos strahle ich positive Energie aus.
- Ich erlaube mir, das zu tun, was das richtige für mich ist.

Körper

- Zünde etwas Weihrauch an und reinige die Energie deiner Wohnung.
- Kauf dir selbst ein paar Blumen und bewundere die Farben der Natur.
- Schlüpf in dein Lieblingsoutfit und mach ein paar Selfies – denn du siehst umwerfend aus, Liebes!

Seele

- Ich konzentriere mich auf Fortschritt, nicht auf Perfektion.
- Ich setze, respektiere und achte auf meine Grenzen.
- Ich entschuldige mich nicht mehr dafür, meine Gefühle zu zeigen.

Skorpion

Geist

- Es ist okay, meiner mentalen Gesundheit zuliebe auch mal Nein zu sagen.
- Ich habe tolle Ideen und ich habe es verdient, gehört zu werden.
- Ich lebe meine Träume.

Körper

- Suche dir einen Ort, an dem du zur Ruhe kommen kannst, und meditiere.
- Check eine neue Teemischung aus und finde Entspannung in den beruhigenden Dämpfen.
- Channel deine Kreativität in ein neues DIY-Projekt.

Seele

- Ich werde heute netter zu mir sein als sonst.
- Niemand muss an mich glauben, außer ich selbst.
- Das Beste kommt erst – also halt dich ran.

Schütze

Geist

- Mein Leben ist aufregend und folgt einem höheren Ziel.
- Das Universum hat Großes mit mir vor und ich bin bereit, es anzunehmen.
- Ich bin stark genug, alle Probleme zu bewältigen.

Körper

- Erstelle eine Mood-Playlist, je nachdem wie deine Stimmung gerade ist.
- Schau in den Spiegel und schenk dir ein paar Selbstliebe-Affirmationen.
- Geh nach draußen und tanke ein bisschen Sonne.

Seele

- Ich liebe mein heutiges Ich.
- Ich bin, was ich denke; ich ziehe an, was ich fühle.
- Die Vergangenheit ist vorbei. Was jetzt kommt, ist noch viel besser.

Steinbock

Geist

- Ich bin in der Lage, mich immer wieder neu zu erfinden.
- Ich entspanne mich und lasse los. Mein Leben ist perfekt im Flow.
- Ich stecke meine Energie in Dinge, die mir wichtig sind.

Körper

- Lege dein Handy für einen Abend beiseite und mach eine Social-Media-Pause.
- Mach einen Spaziergang, um den Kopf freizubekommen.
- Schaue dir eine Comedy-Serie oder einen witzigen Film an – Lachen hilft!

Seele

- Ich schulde niemandem eine Erklärung.
- Produktivität definiert nicht meinen Selbstwert.
- Ich bin stolz auf meine Leistungen und meine harte Arbeit.

Wassermann

Geist

- Das Leben ist gut zu mir und ich bin gut zu mir.
- Ich verabschiede mich von Gedankenmustern, die mir nicht guttun.
- Mit jedem Einatmen entspanne ich mich. Mit jedem Ausatmen lasse ich Anspannung los.

Körper

- Mache Atemübungen.
- Lege dir die Tarotkarten.
- Suche nach einem Workshop zu einem Thema, das dich schon lange interessiert.

Seele

- Es ist okay, nicht zu wissen, was die Zukunft bringt.
- Ändere ich meine Einstellung, ändert sich auch meine Wirklichkeit.
- Die Zeit heilt alle Wunden. Ich bin geduldig mit mir selbst.

Fische

Geist

- Mit jedem Atemzug werde ich gelassener.
- Ich bin genau da, wo ich sein soll.
- Meine Intuition weist mir den Weg.

Körper

- Besorge dir ein neues Journal und schreib alles auf, was dir durch den Kopf geht.
- Höre dir eine random Playlist an und entdecke neue Künstler:innen und Songs.
- Schaffe Ordnung in deiner Wohnung und lass Frischluft rein.

Seele

- Grenzenloses Mitgefühl ist selbstzerstörerisch.
- Ich passe mich an jedes neue Kapitel meines Lebens an.
- Ich vertraue auf das Timing des Universums.

Anleitung zum Chillen

Du hast dir eine Auszeit verdient! Aber manchmal ist es gar nicht so leicht herauszufinden, was dir beim Relaxen hilft. Unten findest du ein paar Entspannungstipps für Feuer-, Wasser-, Erd- und Luftzeichen.

Check dein Sonnen- und Mondzeichen.

Feuer

Widder, Löwe, Schütze

- Geh an die frische Luft.
- Schaue dir deinen Lieblingsfilm an.
- Schmeiß spontan eine Party.
- Besuche einen Ort, an dem du noch nie warst.
- Gestalte ein Mood Board für dein nächstes Abenteuer.
- Mach ein Nickerchen.

Erde

Stier, Jungfrau, Steinbock

- Nimm ein Bad mit einem Glas Wein.
- Mache zwanzig Minuten lang Ordnung in deiner Wohnung.
- Erledige etwas von deiner To-do-Liste.
- Probiere verschiedene Aromatherapie-Mischungen, bis du die perfekte gefunden hast.
- Bestell dir Essen vom Lieferdienst und binge deine Lieblingsserie.
- Erweitere deine tägliche Routine um zehn Minuten Achtsamkeit.

Luft

Zwillinge, Waage, Wassermann

- Schreib in dein Journal.
- Finde jemanden, bei dem du dich so richtig auskotzen kannst.
- Gönn dir etwas ganz Besonderes.
- Organisiere einen Brettspielabend mit Freund:innen.
- Tu so, als würdest du in den 90ern leben und mache einen Abend lang eine Social-Media-Pause.
- Suche auf YouTube nach einem neuen Dance Tutorial und probiere es aus.

Wasser

Krebs, Skorpion, Fische

- Nimm dir ganz bewusst Zeit zum Nichtstun.
- Mach es dir so richtig gemütlich.
- Mach einen Social-Media-Detox.
- Erstelle eine Playlist mit nostalgischen Songs.
- Kreiere deinen persönlichen Safe Space und statte ihm täglich einen Besuch ab.
- Lasse alle Gefühle zu, die über dich hereinbrechen, bis die Welle wieder abebbt.

Finde deine innere Mitte: Rituale und Übungen

Bist du überfordert? Hast du einen Termin nach dem anderen? Oder durchlebst du gerade eine emotional fordernde Zeit? Vergiss nicht, Liebes: Gerade jetzt musst du dich gut um dich selbst kümmern! Wenn rundherum Chaos und Trubel herrschen, trifft man selten gute Entscheidungen. Deshalb ist es total wichtig, dass du einen inneren Safe Space hast. So kannst du viel gechillter an deine Probleme herangehen. Und genau da kommen unsere Rituale ins Spiel.

Diese Übungen sollen dir ein Gefühl von Kontrolle geben, wenn dir alles über den Kopf wächst. Du schaffst dir damit den Raum, mental auf Pause zu drücken und durchzuatmen, bis du im richtigen Headspace bist, um Lösungen zu finden. Wie bei jeder neuen Übung musst du sicher ein wenig experimentieren, um herauszufinden, was am besten zu dir passt. Aber am Ende wirst du in der Lage sein, dich in den perfekten Zen-Zustand zu versetzen. Und dann hat sich die ganze Arbeit gelohnt!

Hier kommen ein paar Techniken für die vier Sternzeichen-Elemente. Probiere dich einfach durch! Am besten suchst du dir dafür einen ruhigen Ort, an dem du dich wohlfühlst. Nimm dir ausreichend Zeit und vergiss nicht, es ist alles Übungssache – mit jedem Mal wird es dir leichter fallen. Auch wenn sich die Übungen am Anfang vielleicht ein bisschen strange anfühlen, bleib dran! Es ist wissenschaftlich erwiesen, dass sie funktionieren.

Check dein Sonnen- und Mondzeichen.

Feuer

Widder, Löwe, Schütze

Feuerzeichen sind ständig unter Strom. Wenn du dich gestresst fühlst, profitierst du von allen körperbetonten Entspannungsübungen. Versuch es mal mit diesem mentalen Body Scan!

1. Suche dir einen Ort, an dem du dich bequem hinlegen kannst. Atme tief in den Bauch ein und wieder aus.
2. Fokussiere dich zuerst nur auf deine Füße. Achte darauf, was du spürst, während du weiter in den Bauch atmest.
3. Lenke deine Aufmerksamkeit ganz langsam über deine Füße zu deinen Knöcheln, deinen Beinen, deinen Hüften bis ganz nach oben zu deinem Scheitel.
4. Mache dir bei jedem neuen Körperteil bewusst, was du spürst. Stell dir vor, wie sich deine Muskeln mit jedem Atemzug lösen und du mit jeder Ausatmung den Stress loslässt, während du mit der Einatmung ruhiger wirst.
5. Wiederhole den Body Scan so oft es nötig ist und auch mal in die andere Richtung. Mit jedem Mal wirst du merken, wie viel relaxter du bist.

Erde

Stier, Jungfrau, Steinbock

Erdzeichen sind von Natur aus ziemlich geerdet. Aber leider verlieren sie sich oft in einer unendlichen Spirale aus Sorgen, Ängsten und Kopfzerbrechen. Hier kommt eine Übung für die Sinne, die dir hoffentlich beim Abschalten hilft.

1. Atme tief in den Bauch ein und aus der Nase wieder aus.
2. Nun nimm dir einen Gegenstand deiner Wahl.
3. Wie fühlt er sich an? Konzentriere dich auf seine Form, Struktur und Temperatur, auf seine Ecken und Kanten.
4. Nun kommen deine anderen Sinne ins Spiel. Ein vertrauter Geruch, das Geräusch deiner Finger, wenn sie über den Gegenstand streichen, seine Farben, Dellen und Macken. Wenn es ein essbarer Gegenstand ist, zum Beispiel ein Stück Obst oder ein Keks, nimm einen Bissen und konzentriere dich auf den Geschmack.
5. Wiederhole die Übung nach Bedarf. Du bist im Hier und Jetzt.

Luft

Zwillinge, Waage, Wassermann

Viel reden und große Pläne: das sind die Luftzeichen. Oft rasen dir so viele Gedanken durch den Kopf, dass du dich von deinen eigenen Ideen erschlagen fühlst. Wenn du das Gefühl hast, keinen Durchblick mehr zu haben, mach diese Übung.

1. Zuerst brauchst du ein Bild mit vielen Details. Es kann zum Beispiel ein von dir geschossenes Foto sein oder ein Bild aus dem Internet.
2. Betrachte die Details fünfzehn Sekunden lang. Was ist zu sehen? Was könnte außerhalb des Bildes vor sich gehen? Welche Farben stechen dir ins Auge?
3. Leg das Bild weg und stelle es dir gedanklich vor. Beginne mit dem Detail, das dir am lebhaftesten in Erinnerung geblieben ist, und bilde es dann Stück für Stück nach. Es muss nicht perfekt sein!
4. Wenn du fertig bist, liste gedanklich alles auf, woran du dich erinnerst: Farben, Menschen, den Kontext und alles, was dir in den Sinn kommt.
5. Wiederhole die Übung immer, wenn du das Gefühl hast, dass deine Gedanken mit einhundert km/h durch dein Hirn rasen. Bonus: Sie ist ein tolles Training für dein Kurzzeitgedächtnis!

Wasser

Krebs, Skorpion, Fische

Wasserzeichen haben sehr feinfühlige Antennen und werden leicht von ihren eigenen und fremden Gefühlen überwältigt. Dein natürliches Mitgefühl ist manchmal Fluch und Segen zugleich. Deshalb brauchst du unbedingt einen Safe Space, in den du dich zurückziehen kannst. Das kann auch ein mentaler Ort in deiner Vorstellung sein – check dazu mal die folgende Übung aus.

1. Mach es dir bequem und schließe die Augen. Such dir eine angenehme Position. Manche sitzen lieber im Schneidersitz, andere liegen gerne auf dem Rücken. Atme tief durch die Nase ein und aus.
2. Stell dir eine Tür vor, hinter der ein Ort voller Ruhe und Kraft liegt. Öffne sie und tritt hindurch. Mit der Ausatmung lässt du Anspannung und Sorgen los.
3. Du bist nun in deinem Safe Space. Hier fühlst du dich sicher und geborgen. Stell dir diesen Ort genau vor. Streich die Wände in deinen Lieblingsfarben. Chill dich auf einen Stapel flauschiger Kissen. Kuschel mit deinem Haustier und lass die Finger über den Einband deines Lieblingsbuchs oder die Blätter deiner Zimmerpflanzen gleiten.
4. Verbringe nun Zeit in deinem Safe Space. Atme weiter tief ein und aus, bis du einen natürlichen, ruhigen Rhythmus gefunden hast.
5. Statte deinem Safe Space einen Besuch ab, wenn du Ruhe brauchst. Du kannst ihn auch immer wieder neu gestalten. Es ist dein Zufluchtsort!

Kleine Glücksbringer

Ein kleines bisschen extra Glück kann man immer gut gebrauchen, oder? Hier findest du für jedes Sternzeichen je einen Kristall und einen Talisman beziehungsweise ein Glückssymbol. Hilf deinem Glück auf die Sprünge und hab mindestens eins davon immer bei dir. Hinweis an die Skorpione: Bitte trag nur deinen eigenen Schädel mit dir herum – Schmuck ist natürlich okay!

Widder

Kaktus und Karneol

Stier

Marienkäfer und Rosenquarz

Zwillinge

Schmetterling und Citrin

Krebs

Muscheln und Mondstein

Löwe

Eichelnuss und Tigerauge

Jungfrau

Bambus und Selenit

Waage

Regenbogen und Lapislazuli

Skorpion

Totenkopf und Obsidian

Schütze

Würfel und Rauchquarz

Steinbock

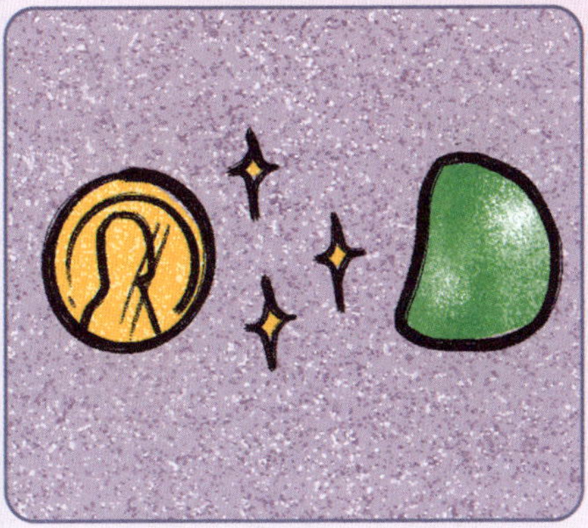

Glücksmünze und Jade

Wassermann

Schlüssel und Amethyst

Fische

Goldfisch und Chrysokoll

Welcher Hexentyp bist du?

In uns allen steckt eine kleine (oder große!) Hexe. Sobald du dich mit deiner magischen Seite auseinandersetzt, wirst du schnell merken, welche magischen Praktiken dir besonders liegen. Was passt zu deinem Astro-Vibe? In deiner täglichen spirituellen Praxis wird es wahrscheinlich ein kunterbunter Mix sein. Immerhin hast du ein ganzes Chart, das dich ausmacht! Bis jetzt haben wir die Sternzeichen ihren Elementen und Modalitäten zugeordnet, aber hier ist es ein bisschen anders. Jedem Hexentyp sind zwei Tierkreiszeichen zugeordnet, die sich in ihrem magischen Mindset sehr ähnlich sind.

Check dein Sonnen- und Mondzeichen.

Cosmic Witch: Widder und Zwillinge

- Power: Nutzt die Kräfte der Planeten und Sterne
- Einrichtung: Sternkarten, sonnige Farbtöne und Amethyst
- Vibe: Muss immer in Bewegung bleiben
- Aktivitäten zum Kraft tanken: Zeit unter dem Sternenhimmel verbringen

Green Witch: Stier und Schütze

- Power: Nutzt die Kräfte der Natur
- Einrichtung: Viele Pflanzen, Juwelenfarbtöne und Prehnit
- Vibe: Am liebsten draußen
- Aktivitäten zum Kraft tanken: Blumen pressen und Gartenarbeit

Kitchen Witch: Krebs und Löwe

- Power: Nutzt Essen und Trinken für ihre Zauber
- Einrichtung: Kräuter, Erdtöne und Karneol
- Vibe: Kochen und Backen ist ihre Love Language
- Aktivitäten zum Kraft tanken: Kerzen anzünden und gutes Essen genießen

Healing Witch: Jungfrau und Waage

- Power: Nutzt die Kraft der Kristalle und Energiearbeit
- Einrichtung: Edelsteine, hellblaue Töne und Bergkristall
- Vibe: Findet Erfüllung darin, anderen zu helfen
- Aktivitäten zum Kraft tanken: Kristalle cleansen und Chakren öffnen

Sea Witch: Skorpion und Steinbock

- Power: Nutzt die Kräfte des Meeres
- Einrichtung: Muscheln, Blautöne und Aquamarin
- Vibe: Ist von Stürmen fasziniert
- Aktivitäten zum Kraft tanken: Zeit im Wasser verbringen

Oracle Witch: Wassermann und Fische

- Power: Nutzt die Kräfte von Tarot, Runen und anderen Tools
- Einrichtung: Kristallkugeln, violette Farbtöne und Azurit
- Vibe: Hat übersinnliche Kräfte
- Aktivitäten zum Kraft tanken: Readings mit Tarotkarten

Kapitel 4

Just for Fun

Du hast bereits ein ganz schön großes Stück deiner kosmischen Reise bewältigt: von unserem Astro-Crashkurs, den du mit Bravour gemeistert hast, bis zur praktischen Anwendung von Astrologie im Alltag. Wir sind super stolz auf dich! Nach so viel harter Arbeit ist es nun aber Zeit für ein bisschen Spaß.

In diesem Kapitel dreht sich alles um die schönen Dinge des Lebens: Cocktails, Filme, Meerjungfrauen … und mehr! Du fragst dich vermutlich gerade, was das denn bitteschön mit Astrologie zu tun hat. Aber du hast wahrscheinlich auch noch nie darüber nachgedacht, welcher Vampirtyp du bist oder welches Takeaway dein Sternzeichen wäre, oder? Kein Problem, dafür gibt es ja uns! Lass deiner Fantasie freien Lauf, während du dieses Kapitel liest. Je intensiver und vielseitiger du dich mit Astrologie beschäftigst, desto mehr lernst du dazu. Und das ist *die* Gelegenheit! Du hast alle Tools, die du brauchst, um zu verstehen, wie die Tierkreiszeichen ticken. Also mach dich locker und hab ein bisschen Fun mit deinem Wissen!

Inzwischen bist du schon ein echter Astro-Pro. Sieh dir auch deine anderen Placements an, damit du ein Gefühl für dein vollständiges Chart bekommst. Du verstehst dich und dein komplexes Wesen am besten!

HINWEIS

Auf den nächsten Seiten weisen wir dich wieder darauf hin, welche Placements du auschecken solltest. Mittlerweile weißt du bestimmt, dass dein Sonnenzeichen immer dabei ist. Dein Mondzeichen beeinflusst deine mentale Gesundheit und emotionalen Bedürfnisse. Der Aszendent kommt ins Spiel, wenn du mit anderen interagierst.

Cosmic Cocktails

Wie bei einem guten Cocktail sind die Positionen in deinem Birth Chart perfekt aufeinander abgestimmt. Falls du dich fragst, was für einen typischen Wassermann in den Shaker kommt oder wie man einen klassischen Skorpion mixt, kommen hier Rezeptkarten für jedes Sternzeichen. Unsere persönliche Empfehlung: Verfeinere die Cocktails mit je einer Prise deines Mondzeichens und Aszendenten. Aber pass auf, dass sie nicht zu stark werden!

Check dein Sonnen- und Mondzeichen und deinen Aszendenten.

Widder

Zutaten

- 2 Shots Begeisterungsfähigkeit
- 1 Shot Optimismus
- Ein kleiner Schuss Ungeduld

Zubereitung

- Alles gut verrühren und mit viel guter Laune garnieren.

Stier

Zutaten

- 2 cl Sinn für Ästhetik
- 1 cl Genuss
- Eine Prise Guilty Pleasures

Zubereitung

- Alles schütteln und mit spicy Gossip bestreuen.

Zwillinge

Zutaten

- 2 Teile lebhafte Energie
- 1 ½ Teile witziger Humor
- Ein kleiner Schuss schlechte Laune

Zubereitung

- Gut mixen und mit charismatischer Ausstrahlung toppen.

Krebs

Zutaten

- 3 cl Mitgefühl
- 1 TL Nostalgie
- Ein Spritzer Tränen

Zubereitung

- Mit Loyalität geschüttelt, nicht gerührt.

Löwe

Zutaten

- 2 ½ Shots Leidenschaft
- 1 Shot Großzügigkeit
- Eine Prise Drama

Zubereitung

- Im Shaker mixen und mit Glamour garnieren.

Jungfrau

Zutaten

- 2 Teile Multitasking
- 1 ½ Teile Intelligenz
- Ein kleines bisschen Kopfzerbrechen

Zubereitung

- Zusammen mit etwas Herzensgüte verrühren.

Waage

Zutaten

- 2 Teile Charme
- 1 Teil Attraktivität
- Ein Touch Unentschlossenheit

Zubereitung

- Kräftig schütteln und mit Sinn für Romantik beträufeln.

Skorpion

Zutaten

- 2 cl Entschlossenheit
- 1 cl stürmisches Temperament
- Ein Hauch Geheimnisvolles

Zubereitung

- Alles verrühren und mit Intuition bestreut servieren.

Schütze

Zutaten

- 3 Shots trockener Humor
- 1 cl Freiheitsliebe
- Ein Spritzer Schlagfertigkeit

Zubereitung

- Zusammen mit etwas Neugier gut vermischen.

Steinbock

Zutaten

- 2 cl Niveau
- 1 ½ cl Ehrgeiz
- 1 TL trockener Humor

Zubereitung

- Alle Zutaten ins Glas geben und mit Selbstbeherrschung aufgießen.

Wassermann

Zutaten

- 3 Teile Einzigartigkeit
- 1 Teil Nächstenliebe
- 1 kleine Prise Misstrauen

Zubereitung

- Die Zutaten mixen und mit Unabhängigkeit garnieren.

Fische

Zutaten

- 2 Shots Einfühlungsvermögen
- 1 ½ Shots Fantasie
- ½ cl Realitätsverweigerung

Zubereitung

- Alles zusammen in den Shaker geben und mit einem Schuss Selbstlosigkeit mixen.

Die magische Geheimzutat

Du kennst nun die Basics für deinen individuellen Cosmic Cocktail – jetzt braucht es nur noch den magischen letzten Touch! Welche geheime Zutat macht deinen Drink perfekt? Was es auch ist, sei stolz darauf, was dich ausmacht!

Check dein Sonnen- und Mondzeichen und deinen Aszendenten.

Widder: Ein guter Schuss unbändige Power.

Stier: Ein großzügiger Schluck Dekadenz.

Zwillinge: Eine Prise natürliche Ausstrahlung.

Krebs: Eine gehörige Portion Mitgefühl.

Löwe: Eine kleine Prise Extravaganz.

Jungfrau: Ein Hauch Dickköpfigkeit.

Waage: Ein Shot bedingungslose Loyalität.

Skorpion: Zwei Shots tiefe Gefühle.

Schütze: Ein großzügiger Schluck Abenteuerlust.

Steinbock: Ein Spritzer guter Geschmack.

Wassermann: Ein großer Schuss Freiheitsliebe.

Fische: Eine Prise Konfliktscheu.

Hollywood Horoskop

Zeit für einen Filmabend! Vielleicht bist du alt genug, um dich an Videotheken zu erinnern. Damals suchte man sich auf gut Glück einen Film aus und hoffte einfach, dass man einen guten erwischt hatte. Deine Abendunterhaltung steht auf dem Spiel – auf welches Genre steuerst du sofort zu?

Es kommt wahrscheinlich wenig überraschend, aber dein Sternzeichen beeinflusst auch deinen Filmgeschmack. Manche können einer herzzerreißenden Lovestory nicht widerstehen – ja, liebe Wasserzeichen, ihr seid gemeint – und andere brauchen einfach mehr Action. Vertraue den Sternen und finde deinen neuen Lieblingsfilm mithilfe unserer kleinen Übersicht.

Check dein Sonnen- und Mondzeichen. Wenn andere mitgucken, check auch deinen Aszendenten.

Widder

1970er Actionfilm

Unsere liebsten Energiebündel mit dem feurigen Temperament bringen Herzen zum Rasen und Gefühle zum Kochen! Was passt besser zu deinem Action-Babe-Vibe als ein klassischer 1970er Actionfilm mit einer Verfolgungsjagd nach der anderen?

Stier

Ästhetischer Arthouse Film

Never ever würde ein Stier seine wertvolle Zeit zum Chillen mit etwas verschwenden, das nicht schön anzusehen ist. Dank dem Einfluss von Planet Venus liebt der Stier Filme mit einem ästhetisch ansprechenden Set Design, in dem er sich verlieren kann!

Zwillinge

Teen Comedy

Zwillinge sind für ihre Sprunghaftigkeit bekannt. Langatmige und eintönige Filme verderben ihnen schnell die Laune. Am besten greifen sie also zu einer kurzweiligen Teen Comedy, die sie auf jeden Fall zum Lachen bringt.

Krebs

Sinnlicher Film Noir

Der Krebs ist ein hoffnungsloser Romantiker und liebt die hochdramatische Spannung eines authentischen Film Noir. Außerdem erkennt er sich selbst in der weiblichen Hauptrolle der Femme Fatale wieder – denn in Wahrheit ist der Krebs eines der leidenschaftlichsten Sternzeichen!

Löwe

Spannender Mafiafilm

Als absoluter Badass unter den Tierkreiszeichen hat der Löwe eine Vorliebe für das dekadente Highlife der Mafiosi. Einladung in den VIP-Bereich? Sündteurer Schmuck? Und zur Krönung ein dramatischer Abgang? Hell yes!

Jungfrau

2000er Indie Comedy

Jungfrauen zerbrechen sich ständig über alles den Kopf. Damit sie mal zur Ruhe kommen, brauchen sie einen chilligen Film mit viel Herz – ein typischer Indiefilm aus den 2000ern ist dafür perfekt! Bonuspunkte, wenn du auf dem Soundtrack ein paar neue Lieblingslieder entdeckst.

Waage

Blutiger Kult-Horror

Das kommt vielleicht überraschend, aber die feinfühlige Waage hat eine Schwäche für Kult-Horrorfilme mit phänomenalem Szenenbild. Sie lieben Drama – und Horrorfilme sind doch eigentlich nur Drama hoch zehn! Außerdem können sie so mit ihrem ungewöhnlichen Filmgeschmack angeben.

Skorpion

Filme zum Nachdenken

Skorpione brauchen die Herausforderung. Selbst in ihrer Freizeit gucken sie gerne, nun ja, seltsame Filme. Der Skorpion hat kein Problem damit, sich aus seiner Komfortzone zu begeben, und ein super intellektueller Film, inklusive surrealer Traumsequenzen und absurder Handlung, ist genau das Richtige.

Schütze

Unterhaltsamer Krimiklassiker

Schützen sind immer auf der Suche nach Antworten. Am besten können sie bei einer unbeschwerten Krimi-Komödie abschalten, bei der sie zusammen mit dem Detektiv den Fall knacken und auch noch was zu lachen haben. Gleichzeitig relaxen und mit deiner Cleverness flexen, besser geht's kaum!

Steinbock

Fesselnde Dokumentation

Der Steinbock hat immer einen brechend vollen Terminkalender. Also braucht er einen Film, der es wert ist, seine kostbare Zeit zu opfern. Eine wirklich fesselnde Doku über ein ihm noch unbekanntes Thema passt perfekt zum Steinbock. Pluspunkt: Man lernt etwas Neues dazu!

Wassermann

Science-Fiction-Thriller

Der Wassermann sollte seinem Ruf als Weirdo gerecht werden und sich für einen Sci-Fi-Thriller entscheiden. Nicht nur wegen der Aliens, sondern auch, weil die Gesellschaft darin auf große Veränderungen reagieren muss. Und der Wassermann ist fasziniert davon, wie man Probleme mit Kreativität und Teamwork löst.

Fische

1980er Fantasyfilm

Fische sind die Träumer unter den Sternzeichen. Sie gucken am liebsten Filme, die sie in völlig neue Welten entführen. Ein Fantasyfilm aus den 1980ern, in dem jemand Welt retten muss, ist genau ihr Ding! Hier können sie sich zusammen mit den Held:innen auf eine epische Reise begeben und dem Happy End entgegenfiebern.

Die vier Jahreszeiten: Astro-Edition

Was treibt dein Sternzeichen so das ganze Jahr über? Wir haben alle unsere Lieblingsjahreszeit. Wenn du eher der Outdoor-Typ bist, gehst du wahrscheinlich bei jedem Wetter raus. Vielleicht liebst du den Sommer – aber genießt den Sonnenschein lieber in deinem klimatisierten Zimmer. Finde heraus, wie dein Tierkreiszeichen die Jahreszeiten verbringt.

Check dein Sonnenzeichen und deinen Aszendenten.

Widder

Frühling

- Scharrt schon mit den Hufen – endlich kein kaltes Wetter mehr!
- Überfällt Freund:innen mit Plänen für spontane Aktionen

Sommer

- Auf dem Weg zum Freizeitpark
- Springt beim ersten Sonnenstrahl in den Pool

Herbst

- Will zusammen die unheimlichsten Gruselfilme gucken
- Hört schaurig-schöne Playlists auf Repeat

Winter

- Allzeit bereit für alle Winteraktivitäten
- Muss einfach raus in den Schnee, sobald die erste Flocke fällt

Stier

Frühling

- Serviert wunderschön angerichtete Picknicks
- Plant seine Stilveränderung und kauft gleich Klamotten fürs ganze Jahr

Sommer

- Veranstaltet gemütliche Filmabende im Freien
- Besorgt saisonale Zutaten für das perfekte Charcuterie Board

Herbst

- Lieblingsjahreszeit!
- Schmeißt sich in die dicksten Oversize-Pullis, die er finden kann

Winter

- Besorgt sich einen Haufen Zimmerpflanzen für verfrühte Frühlingsstimmung
- Sieht den Winter als Selfcare-Jahreszeit

Zwillinge

Frühling

- Trifft Vorbereitungen für den ultimativen Hot Girl Summer
- Organisiert so oft es geht etwas mit Freund:innen

Sommer

- Erlebt ein verrücktes Abenteuer nach dem anderen
- Campingurlaub? Aber sowas von!

Herbst

- Fasziniert vom wechselnden Farbenspiel der Natur
- So viele Herbstaktivitäten und so wenig Zeit

Winter

- Scheitert am Vorsatz, endlich geduldiger zu sein
- 50 % Winterschlaf, 50 % Hummeln im Hintern

Krebs

Frühling

- Wird total nostalgisch und verwöhnt sein inneres Kind
- Plant ein wundervolles Fotoshooting inmitten von Frühlingsblumen

Sommer

- Chillt am Lagerfeuer
- Schmeißt die Klimaanlage an und mummelt sich mit einem Buch zu Hause ein

Herbst

- Pumpkin Spice, yay!
- Sofa, Decke, Film an – check

Winter

- Kocht jeden Tag ein neues Rezept nach
- Findet die Winterlandschaft echt schön, aber bewundert sie lieber von drinnen

Löwe

Frühling

- Trägt jetzt schon Sommeroutfits
- Hört Playlists, die gute Laune machen

Sommer

- Endlich Grillabende und Partys bis zum Morgengrauen
- Sommerklamotten shoppen!

Herbst

- Lässt sich die wildesten Halloweenkostüme einfallen
- Findet das kalte Wetter und den bewölkten Himmel deprimierend

Winter

- Sieht in seinem Faux-Fur-Mantel fantastisch aus
- Kreiert eigene Winter-Makeup-Looks

Jungfrau

Frühling

- Freut sich ernsthaft auf den Frühjahrsputz
- Stammgast auf Handarbeitsmessen und süßen kleinen Flohmärkten

Sommer

- Den ganzen Sommer mit Umtopfen und neuen Pflanzen beschäftigt
- Lernt alles über Wildtierbestimmung

Herbst

- Macht einen Social-Media-Detox
- Stellt die perfekte melancholische Herbst-Playlist zusammen

Winter

- Wird bei den ersten Anzeichen für Schnee zum Prepper
- Chillt sich unter die Heizdecke und liest ein Buch nach dem

Waage

Frühling	Sommer	Herbst	Winter
• Ein neues Jahr, ein neuer Crush • Probiert sich durch alle neuen Eisteesorten	• Sternebeobachten mit den Lieblingsmenschen • Endlich wieder Konzerte im Freien!	• Erster Halt: Kürbisfeld, nächster Halt: Halloweenparty • Packt am ersten Oktober die Halloweendeko aus	• Widmet sich der perfekten Skincare-Routine • Bingt den gesamten Winter Trash-TV

Skorpion

Frühling	Sommer	Herbst	Winter
• Nutzt das gute Wetter aus und beobachtet draußen Leute • Spaziert allein durch die Stadt	• Steigt ins Auto und fährt durch die Nacht • Sieht sich die neuesten Indie-Filme an	• Überredet Freund:innen zu einer Seance mit Oujiabrett • Steht total auf die übernatürlichen Vibes der Jahreszeit	• Hat einfach die besten Geschenke … weil er alle Geheimnisse kennt • Chillt den ganzen Tag im Bett und sieht dabei trotzdem hot aus

Schütze

Frühling

- Bereit für ein paar schlechte Entscheidungen
- Hängt jede freie Minute mit den Besties ab

Sommer

- Erweitert seinen Horizont mit Reisen und Ausflügen
- Sorgt für Unterhaltung am Lagerfeuer

Herbst

- Hat eine Schwäche für kitschige Halloween-Filme
- Plant Roadtrips zu den schönsten Wäldern

Winter

- Ist überall dabei: Schlittenfahren, Eislaufen, Skifahren …
- Will auch in der dunklen Jahreszeit optimistisch bleiben

Steinbock

Frühling

- Liebt die frische Lebensenergie und neuen Möglichkeiten
- Freut sich darauf, alle neuen Restaurants auszuchecken

Sommer

- Nimmt sich endlich mal frei …
- … um dann ein neues Business zu gründen

Herbst

- Hat eine beeindruckende Jacken- und Mantelkollektion
- Schreibt jetzt schon eine Geschenkeliste für Weihnachten

Winter

- Ist insgeheim den ganzen Winter auf einer emotionalen Achterbahnfahrt
- Schmiedet schon erste Pläne für den Frühling

Wassermann

Frühling

- Genießt das Leben und hat deshalb keine Zeit zurückzuschreiben
- Sonnt sich auf der Terrasse eines süßen Cafés oder im Park

Sommer

- Überall dabei, Hauptsache draußen
- Lässt die Kindheit in der Spielhalle wieder aufleben

Herbst

- Wird total nachdenklich und reflektiert über die Vergangenheit
- Organisiert einen Brettspielabend mit den Besties

Winter

- Steht irgendwie auf die Kälte
- Passt sich seinem neuen verrückten Schlafrhythmus an

Fische

Frühling

- Hört ab sofort nur noch seine Happy Playlist
- Fühlt sich so befreit und glücklich wie seit Monaten nicht mehr

Sommer

- Holt sich auf Festivals positive Vibes ab
- Geht Kanufahren, Angeln, Wandern, Schwimmen … und mehr!

Herbst

- Macht ausgedehnte Waldspaziergänge
- Kämpft mit Herbstdepressionen

Winter

- Trinkt jeden Tag heiße Schokolade
- Guckt sich Lieblingsfilme aus der Kindheit an

Was ist dein Geheimnis?

Wir haben die Sternzeichen befragt: Was ist das geheime Feature, das dich ausmacht? Alle Antworten findest du auf der nächsten Seite. Na ja, fast alle. Aber von einem Skorpion haben wir ehrlich gesagt nichts anderes erwartet.

Also: Was ist dein Geheimnis?

Check dein Sonnen- und Mondzeichen.

Ich bin ein **Widder** und ich verschließe die Augen vor der Wahrheit, weil ich meine eigene Sichtweise für die richtige halte.

Ich bin ein **Stier** und ich mache vielleicht nach außen einen entspannten Eindruck, obwohl ich innerlich total gestresst bin.

Ich bin ein **Zwilling** und ich ändere meine Meinung von einer Sekunde auf die andere.

Ich bin ein **Krebs** und ich bekomme schlechte Laune, wenn mich jemand fragt, ob ich schlechte Laune habe.

Ich bin ein **Löwe** und ich brauche regelmäßig Bestätigung, dass ich geliebt werde.

Ich bin eine **Jungfrau** und ich kann mir in wirklich jeder Situation die allerschlimmsten Konsequenzen ausmalen.

Ich bin eine **Waage** und ich kann dich so um den Finger wickeln, dass du mir alles glaubst.

Ich bin ein **Skorpion** und ich verrate dir mein Geheimnis, wenn du mir deins verrätst.

Ich bin ein **Schütze** und ich werde mich niemals freiwillig langweilen.

Ich bin ein **Steinbock** und ich habe eigentlich viele Gefühle, auch wenn ich sie nicht teile.

Ich bin ein **Wassermann** und ich finde eine kreative Lösung für jedes Problem.

Ich bin ein **Fisch** und ich flüchte mich in meine Traumwelt, wenn das echte Leben gerade ätzend ist.

Sterne zum Mitnehmen

Nice, Essen zum Mitnehmen! Falls du glaubst, wir wollen dir gleich vorschlagen, wo du als nächstes bestellen sollst, liegst du daneben. So weird es auch klingt, aber jedes Takeaway hat irgendwie einen eigenen Vibe. Eine Pizza mit schön viel Käse ist zum Beispiel etwas völlig anderes als eine fancy Sushiplatte ... Du verstehst schon, was wir meinen, oder? Denk hier also ein bisschen abstrakter. Wir haben jedem typischen Takeout-Gericht zwei Sternzeichen mit ähnlicher Energy zugeordnet. Bon Appétit!

Check dein Sonnen- und Mondzeichen und deinen Aszendenten.

Widder und Schütze

Pizza

- Hauptsache Tempo, je schneller desto besser.
- Probieren einfach alles aus … her mit der Kimchi-Pizza!
- Sind rund um die Uhr erreichbar und für jeden Spaß zu haben.
- Kommen immer gut an – man muss sie einfach lieben!

Stier und Steinbock

Steak

- Exklusiv und etwas teuer, aber es lohnt sich.
- Brauchen immer ein paar außergewöhnliche Beilagen, damit es nicht zu langweilig wird.
- Liefern verlässlich Top-Qualität ab.
- Man muss Geduld mitbringen – sowohl für das perfekte Steak als auch bei diesen Erdzeichen.

Zwillinge und Löwe

Tacos

- Machen Bock und sind der Mittelpunkt jeder Party.
- Können schon mal extra spicy sein.
- Äußerst attraktives Gesamtpaket.
- Machen mit Tequila noch mehr Spaß.

Krebs und Jungfrau

Sushi

- Ihr Motto: Qualität vor Quantität.
- Ausgesprochen akkurat – dahinter steckt echte Handwerkskunst.
- Unverwechselbar und originell, innen wie außen.
- Total gesund mit Blick auf persönliches Wachstum.

Waage und Skorpion

Indisch

- Bringen heiße Themen an den Tisch.
- Mega abwechslungsreiche Geschmacksexplosion.
- Wissen genau, wie wichtig ein ansprechendes Äußeres ist.
- Sind echt scharf – und stehen dazu.

Wassermann und Fische

Chinesisch

- Immer da, wenn man sie braucht, 365 Tage im Jahr.
- Super für große Gruppen, nehmen auf alle Bedürfnisse Rücksicht.
- Tolle Begleiter für einen Serienmarathon.
- Haben etwas Biss – genau richtig.

Das perfekte Halloweenkostüm

Wirf dich in Schale – oder in einen Eimer voller Kunstblut – Halloween steht vor der Tür! Spätestens wenn die Kürbislaternen leuchten und die Kinder Süßes oder Saures wollen, bereiten sich alle Sternzeichen auf die Halloweenparty des Jahres vor. Was sagt dein Astro-Vibe: Was ist dein perfektes Halloweenoutfit? Du könntest dir sogar eine Kostüm-Kombi aus deinen Placements überlegen. Bühne frei für das Vampir-Cowgirl!

Check dein Sonnenzeichen und deinen Aszendenten.

Kostüme für jedes Sternzeichen
Perfekte Pose in jedem Foto
HOLLYWOOD-STERNCHEN
Bling Bling Bitch
Strass und Glitzer
STIER UND LÖWE
Spricht mit fancy Akzent

Kostüme für jedes Sternzeichen
HEXE
Versprüht Dark Romance Vibes
Bereitet eine Seance vor
Liebe Hexe ... aber ärgere sie nicht
KREBS UND SKORPION
Sofort BFF mit der Katze

Kostüme für jedes Sternzeichen
VAMPIRIN
Contouring on point
Jurorin im Kostüm-wettbewerb
Gruslig aber süß
JUNGFRAU UND WAAGE
Trinkt Rotwein aus einem fancy Kelch

Kostüme für jedes Sternzeichen
COWGIRL
Total emanzipiert
Trommelt alle fürs Spielen zusammen
Stylish und locker
Cooler Hut!
SCHÜTZE UND STEINBOCK

Kostüme für jedes Sternzeichen
HIPPIE
Bringt „Spezial-Brownies" mit
Im Herzen schon immer Hippie
Flower Power!
Kreativ und herzensgut
WASSERMANN UND FISCHE

Welcher Vampirtyp bist du?

Der Mond scheint hell, die Fledermäuse flattern durch die Nacht … und du? Schmeißt du dich in dein bestes Lederoutfit oder verbringst du die Nacht schmachtend am Burgfenster?

Hier kommen unsere Vampirtypen für alle Sternzeichen-Elemente.

Check dein Sonnenzeichen und deinen Aszendenten.

Feuer

Widder, Löwe, Schütze

- Die größten Dramaqueens im Schloss
- Gründen eine punkige Motorradgang
- Stehen auf Drama
- Finden das mit dem „ewigen

Erde

Stier, Jungfrau, Steinbock

- Wenn sie wütend sind … lauf!
- Haben vierhundert Jahre lang Luxus angehäuft
- Null Verständnis für Drama
- Haben den Glitzerlook perfektioniert

Luft

Zwillinge, Waage, Wassermann

- Nachtaktive Partymäuse
- Lack und Leder
- Lehnen sich entspannt zurück und beobachten das Drama
- Die perfekten Gastgeber

Wasser

Krebs, Skorpion, Fische

- Brauchen ihr tägliches Nickerchen im Sarg
- Viktorianische Kleider mit ganz viel Spitze
- Meiden Drama noch mehr als das Tageslicht
- Flirten mit Dämonen

Welche Meerjungfrau bist du?

Welche Meerjungfrau bist du? Bist du vom Typ her zuckersüße Disneyprinzessin oder eher scharfe Sirene? Finde deine märchenhafte Meeresbewohnerin unter den Sternzeichenpaaren auf der nächsten Seite!

Check dein Sonnenzeichen und deinen Aszendenten.

Widder und Steinbock

- Eröffnet eine riesige Kaffeehauskette mit Meerjungfrau im Logo
- Nimmt niemals fremde Hilfe an
- Girl Boss Vibes
- Schwimmt auf ihrer eigenen Welle

Zwillinge und Schütze

- Wünscht sich Beine für ihre Erkundungstouren
- Schwimmt beim kleinsten Anflug von Langeweile auf und davon
- Konsequente Scheiß-drauf-Einstellung
- Schlägt hohe Wellen mit ihrer Meinung

Skorpion und Krebs

- Verführerische Sirenengesänge
- Von einer mysteriösen Aura umgeben
- Steht auf Storys über verbotene Liebe
- Führt Jäger von Seeungeheuern gerne auf die falsche Fährte

Stier und Waage

- Lebt für den Aphrodite-Look
- Hat keine Zeit zurückzuschreiben, weil sie das Leben zu hart feiert
- Schwimmt beim kleinsten Konflikt davon
- Flirtet gerne mit Matrosen

Löwe und Jungfrau

- Mega großzügig – gewährt dir vielleicht sogar einen Wunsch
- Herrscherin ihres eigenen Unterwasserkönigreichs
- Echte Disneyprinzessin mit tollem Haar und dem Herz am rechten Fleck
- Kommt manchmal befehlshaberisch rüber, aber kriegt echt viel gebacken

Wassermann und Fische

- Organisiert Ocean Cleanups
- Kann nachts nicht schlafen, verschläft jeden Wecker
- Mit allen Meereskreaturen befreundet
- Sirenengesang *on point*

Die Sternzeichen als Elfen

Glaubst du an Elfen? Wirst du langsamer, wenn du im Wald an einem Hexenring (Anm. d. Ü.: das sind runde Wuchsbilder von Pilzen) vorbeigehst, damit du die Feen nicht störst? Um die Welt der Elfen, Feen und Kobolde ranken sich viele Märchen und Legenden. Und jedes dieser zauberhaften Wesen ist so unterschiedlich wie wir Menschen! Hier kommen märchenhafte Eigenschaften für jedes Sternzeichen sortiert nach Modalität.

Check dein Sonnenzeichen und deinen Aszendenten.

Kardinalzeichen

Widder, Krebs, Waage, Steinbock

- Brauchen immer neue Herausforderungen
- Machen sich mehr Gedanken, als sie nach außen zeigen
- Gehen in die Abwehrhaltung, wenn sie provoziert werden
- Absolut keinen Nerv für Zeitverschwendung

Fixe Zeichen

Stier, Löwe, Skorpion, Wassermann

- Null Toleranz für unhöfliche oder unfreundliche Menschen
- Sagen nie nein zu einer nicen Opfergabe
- Halten verlässlich ihre Versprechen
- Lassen sich ungern in ihren Tagesablauf reinquatschen

Bewegliche Zeichen

Zwillinge, Jungfrau, Schütze, Fische

- Haben eine unglaublich starke Anziehungskraft
- Spielen total gerne kleine harmlose Streiche
- Unterhalten sich mit den Tieren des Waldes
- Sind mega gechillt und durch nichts aus der Ruhe zu bringen

Dein astrologischer Blumenstrauß

Bevor du gehst, haben wir noch ein kleines Geschenk für dich, Liebes. Wir haben dir deinen ganz persönlichen Blumenstrauß gepflückt! Hinter den wunderschönen Blüten steckt aber noch mehr. In der Sprache der Blumen hat jede Blume auch eine symbolische Bedeutung. Wir haben sie sorgfältig ausgewählt, um die wundervollsten Merkmale jedes Sternzeichens noch einmal zu betonen.

Check dein Sonnen- und Mondzeichen und deinen Aszendenten.

Widder

Mädchenauge, Amaryllis, Gipskraut

fröhlich · tough · aufrichtig

Stier

Nelke, Eukalyptus, Hahnenfuß

bezaubernd · stark · charmant

Zwillinge

Hibiskus, Salbei, Flieder

fesselnd · begeisterungsfähig
voller Energie

Krebs

Kamelie, Veilchen, Vergissmeinnicht

wehmütig · intuitiv · unvergesslich

Löwe

Tigerlilie, Krokus, Strandflieder

stolz · authentisch · beeindruckend

Jungfrau

Magnolie, Chrysantheme, Schwertlilie

würdevoll · bemerkenswert intelligent

Waage

Pfingstrose, Johanniskraut, Gänseblümchen

strahlend · quirlig · faszinierend

Skorpion

Farn, Vanilleblume, Zinnie

geheimnisvoll · hingebungsvoll entschlossen

Schütze

Edelweiß, Jasmin, Sonnenblume

mutig · zuvorkommend optimistisch

Steinbock

Dahlie, Engelwurz, Clematis

elegant · geistreich · clever

Wassermann

Aster, Amaranth, Sonnenhut

einfühlsam · weltoffen · ehrlich

Fische

Calla, Goldrute, Hyacinthe

zärtlich · inspirierend · verspielt

Schlusswort!

Nun sind wir an der Endhaltestelle unserer Reise angekommen. Wow, was für eine Fahrt! Tausend Dank, dass du uns begleitet hast. Hoffentlich hast du viel daraus mitnehmen können – vor allem, was deine Großen Drei für dich bedeuten. Wir hoffen, deine magische Reise in die Welt der Astrologie war informativ und dass sie dir genauso viel Spaß gemacht hat wie uns!

Du fragst dich, wie deine Reise zu den Sternen weitergeht? Falls es dir Spaß gemacht hat, mehr über Tierkreiszeichen, Horoskope und ihren Einfluss auf dein Leben und deine Beziehungen zu lernen, legen wir dir ans Herz, weiter am Ball zu bleiben! In diesem Buch haben wir uns hauptsächlich mit den Großen Drei befasst: Sonne, Mond und Aszendent. Aber das ist nur der Anfang – du hast ein ganzes Chart, das du noch weiter erkunden kannst! Jedes einzelne deiner Placements spielt eine Rolle in deinem Leben. Von dem Einfluss von Häusern, Aspekten und Transiten ganz zu schweigen.

Astrologie ist ein echt umfangreiches Thema. Ganz egal, wie viel du schon weißt, du kannst immer noch mehr dazulernen. Aber setz dich nicht unter Druck, du musst nicht alles sofort verstehen. Wie bei jedem anderen Spezialgebiet braucht es eine gewisse Zeit, alles zu verinnerlichen und dann auch anzuwenden. Jeder kann sich in ein Thema einlesen; aber erst, wenn man sich Tag für Tag damit auseinandersetzt, beginnt man wirklich zu verstehen. Wir sind das beste Beispiel. Seit über zehn Jahren beschäftigen wir uns mit Astrologie und trotzdem erleben wir noch erleuchtende Momente, wenn etwas in unserem Chart plötzlich Sinn ergibt. Außerdem ist es ziemlich cool, wenn man das Sternzeichen von anderen zuverlässig richtig erraten kann!

Es ist auch super praktisch, genau zu wissen, welche Einflüsse die Sterne auf das eigene Leben haben. Hoffentlich bist du nun dank deinem neuen Wissen in der Lage, diese Einflüsse zu erkennen und es hilft dir dabei, Schwierigkeiten und Hindernisse erfolgreich zu überwinden. Astrologie ist ein super hilfreiches Tool zur Selbstreflexion, aber du kannst auch viel Spaß damit haben. Nicht alles im Leben muss sich um große Erkenntnisse und schwere Prüfungen drehen! Manchmal will man auch einfach nur über die teils liebenswerten, teils frustrierenden kleinen Eigenarten von Sternzeichen lachen. Zum Beispiel, wenn eine Jungfrau im Gruppenchat deine Rechtschreibung korrigiert. Und das ist auch total in Ordnung!

Dürfen wir dich noch um eine Kleinigkeit bitten? Falls du nicht schon Follower bist, check doch mal unsere Social-Media-Kanäle aus. Du findest uns auf allen Plattformen unter The Pulp Girls. Über unsere Channels teilen wir regelmäßig noch mehr Astro-Content. Danke nochmal, dass du uns bis hierhin begleitet hast. Bleib so wundervoll wie du bist!

Miniglossar

Sternzeichen

Symbol	Sternzeichen	Englisch
♈	Widder	Aries
♉	Stier	Taurus
♊	Zwillinge	Gemini
♋	Krebs	Cancer
♌	Löwe	Leo
♍	Jungfrau	Virgo
♎	Waage	Libra
♏	Skorpion	Scorpio
♐	Schütze	Sagittarius
♑	Steinbock	Capricorn
♒	Wasser-mann	Aquarius
♓	Fische	Pisces

Planeten und Aszendent

Symbol	Planet	Einflüsse
☉	Sonne	Identität und Selbst
☽	Mond	Emotionen und Bedürfnisse
ASC	Aszendent	Beziehungen und Ausstrahlung
☿	Merkur	Kommunikation und Vernunft
♂	Mars	Handeln und Leidenschaft
♀	Venus	Liebe und Schönheit
♃	Jupiter	Glück und Erfüllung
♄	Saturn	Disziplin und Verantwortung
♅	Uranus	Individualität und Rebellion
♆	Neptun	Träume und Intuition
♇	Pluto	Veränderung und Wiedergeburt

Danksagung

Wir möchten uns von ganzem Herzen bei allen bedanken, die die Entstehung dieses Buches ermöglicht haben. Dem ganzen Team von Quarto und hier vor allem Rage: Danke für dein Vertrauen in uns und unsere Vision! Ein großes Danke auch an unsere Lektorin Keyla und ihre großartige Unterstützung. Nur dank dir konnten wir unseren Traum verwirklichen.

Ein riesengroßes Dankeschön an unsere Mum Claire, die immer an uns geglaubt hat! Danke, dass du uns auf unserem ungewöhnlichen Lebensweg begleitest und immer für uns da bist.

Danke auch an Dan, der immer für die perfekte Atmosphäre sorgt, damit wir in den kreativen Flow kommen.

Der größte Dank gehört jeder und jedem einzelnen von euch. Ohne den Support unserer Follower wäre all das niemals möglich gewesen. Wir lieben euch!

Brianna & Cailie

Über die Autorinnen

Cailie und Brianna sind die Gründerinnen von The Pulp Girls. Die Schwestern channeln ihre Magie in eine unverwechselbare Kombination aus Kunst und Astrologie. Cailie ist die Illustratorin der Pulp Girls. Ihre wundervollen Zeichnungen verleihen diesem Buch den typischen Pulp-Girls-Stil. Künstlerische Inspiration findet sie in verschiedensten Medien im Vintage-Stil: Modezeichnungen, Werbungen, Grafiken, Märchen, Kunstmagazinen … und vielem mehr!

Außerdem ist sie im Sonnenzeichen Stier, im Mondzeichen Steinbock und ihr Aszendent ist Waage. Falls du noch neu in der Welt der Astrologie bist: Das sind ziemlich starke Venus Vibes, sie hat also ein echtes Händchen für Ästhetik! Brianna war schon immer gut darin, die richtigen Worte zu finden. Sie verleiht den künstlerischen Kreationen der Pulp Girls ihre fesselnde Stimme. Sie ist im Sonnenzeichen Widder, im Mondzeichen Fische und ihr Aszendent ist Löwe. Fantasywelten und alles Okkulte fand sie schon immer total inspirierend. Typisch Fischemond eben!

Besuch uns online:

@thepulpgirls ♡ **thepulpgirls.com**

Auch verfügbar bei Königsfurt -Urania